# Histoire-Géographie
# Enseignement moral et civique
# 3ᵉ

**Laure Genet**

**Pascal Jézéquel**

**Grégoire Pralon**

Avec la collaboration de **Thomas Bouhours** et **Maria-Antonia Pinto**, professeurs de Français.

# PRÉSENTATION

Ces *Annales ABC du Brevet* ont été conçues pour vous aider à préparer efficacement la nouvelle épreuve d'Histoire-Géographie et d'Enseignement moral et civique du **Brevet 2018**. Vous y trouverez les sujets du **Brevet 2017** et des **sujets inédits** rédigés par nos auteurs et conformes au nouveau programme du collège qui entre en application en septembre 2017.

## Les nouvelles épreuves du Brevet

→ Depuis mai 2017, l'examen du Brevet est constitué de 3 épreuves :
– **2 épreuves écrites** : d'une part la $1^{re}$ épreuve regroupant les matières scientifiques et d'autre part la $2^{de}$ épreuve regroupant le Français, l'Histoire-Géographie et l'EMC ;
– **1 épreuve orale**.
→ Nous proposons dans ce titre **2 sujets complets** de la $2^{de}$ épreuve.
→ Ces sujets ont été rédigés selon les instructions du *B. O.* **du 8 avril 2016**.

## 35 sujets d'Histoire-Géographie-EMC corrigés

→ **Tous les types de sujets proposés au nouveau Brevet** sont traités : exercice 1, exercice 2 et exercice 3.
→ Et en plus, **3 sujets** pour préparer l'épreuve orale.

## Un classement thématique

→ L'organisation de l'ouvrage suit la **progression du nouveau programme officiel** appliqué à la rentrée 2016 et couvre l'intégralité des thèmes.
→ **Le sommaire détaillé** permet de choisir un exercice se rapportant à la notion à approfondir.

## Une analyse détaillée de chaque sujet

→ **Une rubrique *Les clés pour réussir*** pour bien analyser et comprendre l'énoncé avant chaque corrigé.
→ **Un corrigé détaillé** et **entièrement rédigé**, conforme à l'examen.

## Des compléments indispensables et pratiques

→ **L'Infos-Brevet** : un dossier complet pour aborder la nouvelle épreuve.
→ **Des fiches de révisions et de méthode** pour retenir les points-clés.
→ **Un lexique** des termes à connaître.

## Et en plus, une offre numérique innovante

→ **Gratuitement** avec ce livre, **un abonnement au site abcbrevet.com** vous est offert. Vous y trouverez des exercices et des fiches de révisions, des sujets d'annales.
→ Grâce à l'**application gratuite Nathan live**, flashez les pages de votre ouvrage pour avoir accès à **des ressources supplémentaires en direct** :
  – des exercices de révision, QCM, textes à trous... (p. 185) ;
  – les fiches de révision adaptées aux DYS (p. 186-204).

**Couverture** : Élise Launay
**Cartes et schéma** : COREDOC
**Coordination éditoriale** : Julie Langlais - Marion Gautier
**Édition** : Nicolas Waszak – **Fabrication** : Camille Friquet
**Mise en page** : Nord Compo
**Conception graphique intérieur** : Julie Lannes

Nathan 2017 - 25, avenue Pierre de Coubertin - 75013 Paris - ISBN 978-2-09-150262-5
Tous droits de reproduction et d'adaptation réservés pour tout pays

# Mon planning de révisions,

Ce planning propose une sélection de sujets de difficulté progressive et adaptés à différents besoins.

## Choisissez votre parcours en fonction de vos objectifs de révisions

**Parcours vert**  **Objectif : REPRENDRE CONFIANCE**   **Parcours bleu**  **Objectif : RÉUSSITE ASSURÉ**

### BREVET – 6 semaines

|  | |
|---|---|
| Lun | **n° 7** EXERCICE 2 — Géographie |
| Mar | |
| Mer | **n° 26** EXERCICE 1 — Les espaces de faible densité et leurs atouts |
| Jeu | **n° 34** EXERCICE 3 — La vie sociale |
| Ven | **n° 15** EXERCICE 1 — Indépendance et construction de nouveaux États |
| Sam | |
| Dim | **n° 21** EXERCICE 2 — La Vᵉ République, de la République gaullienne à l'alternance et à la cohabitation |

### BREVET – 5 semaines

|  | |
|---|---|
| Lun | **n° 11** EXERCICE 2 — Civils et militaires dans la Première Guerre mondiale |
| Mar | **n° 35** EXERCICE 3 — La défense et l'action internationale de la France |
| Mer | **n° 16** EXERCICE 2 — Un monde bipolaire au temps de la Guerre Froide |
| Jeu | |
| Ven | **n° 31** EXERCICE 1 — La France et l'Europe dans le monde |
| Sam | **n° 19** EXERCICE 1 — 1944-1947 : Refonder la République, redéfinir la démocratie |
| Dim | |

### BREVET – 4 semaines

|  | |
|---|---|
| Lun | **n° 28** EXERCICE 1 — Les territoires ultra-marins français : une problématique spécifique |
| Mar | |
| Mer | **n° 2** EXERCICE 2 — Histoire |
| Jeu | |
| Ven | |
| Sam | **n° 13** EXERCICE 1 — La Seconde Guerre mondiale, une guerre d'anéantissement |
| Dim | **n° 8** EXERCICE 3 — EMC |

# 6 semaines avant le BREVET !

Pour choisir votre parcours, vous pouvez vous aider du QUIZ sur www.abcbrevet.com

**Parcours rouge** — Objectif : EXCELLENCE

| | BREVET – 3 semaines | BREVET – 2 semaines | BREVET – 1 semaine |
|---|---|---|---|
| **Lun** | | n° 17 EXERCICE 1 — Affirmation et mise en œuvre d'un projet européen | n° 28 EXERCICE 1 — Femmes et Hommes dans la société des années 1950 aux années 1980 : nouveaux enjeux sociaux, culturels et réponses politiques |
| **Mar** | n° 14 EXERCICE 2 — La France défaite et occupée. Régime de Vichy, collaboration et résistance | n° 23 EXERCICE 1 — Les aires urbaines, une nouvelle géographie d'une France mondialisée | n° 1 EXERCICE 1 — Géographie |
| **Mer** | n° 3 EXERCICE 3 — EMC | n° 12 EXERCICE 2 — Démocraties fragilisées et expériences totalitaires dans l'Europe de l'entre-deux-guerres | |
| **Jeu** | n° 25 EXERCICE 2 — Les espaces productifs et leurs évolutions | | n° 6 EXERCICE 1 — Géographie |
| **Ven** | | n° 29 EXERCICE 2 — L'Union européenne, un nouveau territoire de référence et d'appartenance | |
| **Sam** | n° 18 EXERCICE 1 — Enjeux et conflits dans le monde après 1989 | | n° 27 EXERCICE 2 — Aménager pour répondre aux inégalités croissantes entre territoires français, à toutes les échelles |
| **Dim** | | n° 32 EXERCICE 3 — Nationalité, citoyenneté française et citoyenneté européenne | |

# SOMMAIRE

**Planning de révisions** .................................................................... 4

## INFOS-BREVET

Le nouveau Brevet ........................................................................ 14
L'épreuve d'Histoire, Géographie et EMC expliquée ............. 16
La méthode pour le Brevet ..................................................... 17
Le programme ............................................................................ 21

## 2ᵈᵉ ÉPREUVE COMPLÈTE DU NOUVEAU BREVET

### Sujet zéro

**Partie 1** Histoire, Géographie, EMC, Français
1. Géographie Exercice 1 .................................................... 24
2. Histoire Exercice 2 .......................................................... 25
3. EMC Exercice 3 ................................................................ 26
4. Français Questions, réécriture ...................................... 27

**Partie 2** Français
5. Dictée, travail d'écriture ................................................. 30

### Sujet inédit

**Partie 1** Histoire, Géographie, EMC, Français
6. Histoire Exercice 1 .......................................................... 44
7. Géographie Exercice 2 .................................................... 45
8. EMC Exercice 3 ................................................................ 46
9. Français Questions, réécriture ...................................... 48

**Partie 2** Français
10. Dictée, travail d'écriture ............................................... 51

## SUJETS D'HISTOIRE PAR THÈME

### L'Europe, un théâtre majeur des guerres totales (1914-1945)

**Civils et militaires pendant la Première Guerre mondiale**

11. Civils et militaires pendant la Première Guerre mondiale ............. 66
    ■ *Liban, juin 2017* Exercice 2

**Démocraties fragilisées et expériences totalitaires dans l'Europe de l'entre-deux-guerres**

**12** L'État totalitaire nazi .................................................. 70 ☐ ☐
  ■ *Sujet inédit* EXERCICE 2

**La Seconde Guerre mondiale, une guerre d'anéantissement**

**13** Les génocides des Juifs et des Tziganes pendant la Seconde Guerre mondiale ..................... 73 ☐ ☐
  ■ *Sujet inédit* EXERCICE 1

**La France défaite et occupée. Régime de Vichy, collaboration et résistance**

**14** Résistance militaire et civile en France ..................... 80 ☐ ☐
  ■ *Sujet inédit* EXERCICE 2

# Le monde depuis 1945

**Indépendance et construction de nouveaux États**

**15** Les revendications des Algériens face à la colonisation française .................................................. 83 ☐ ☐
  ■ *Sujet inédit* EXERCICE 1

**Un monde bipolaire au temps de la Guerre froide**

**16** Un monde bipolaire .................................................. 89 ☐ ☐
  ■ *Asie, juin 2017* EXERCICE 2

**Affirmation et mise en œuvre d'un projet européen**

**17** 1992 : une étape majeure de la construction européenne .................................................. 92 ☐ ☐
  ■ *Sujet inédit* EXERCICE 1

**Enjeux et conflits dans le monde après 1989**

**18** Vers le déclin de la puissance américaine ? ............. 98 ☐ ☐
  ■ *Sujet inédit* EXERCICE 1

# Françaises et Français dans une République repensée

**1944-1947 : refonder la République, redéfinir la démocratie**

**19** La IVe République : de nouveaux droits économiques et sociaux .................................................. 102 ☐ ☐
  ■ *Sujet inédit* EXERCICE 1

**20** Le programme du CNR .................................................. 109 ☐ ☐
  ■ *Sujet zéro* EXERCICE 1

**La Ve République, de la république gaullienne à l'alternance et à la cohabitation**

**21** La Ve République à l'épreuve de l'alternance ............. 114 ☐ ☐
  ■ *Sujet inédit* EXERCICE 2

**Femmes et hommes dans la société des années 1950 aux années 1980 : nouveaux enjeux sociaux, culturels et réponses politiques**

**22** Mouvement démocratique féminin .................... 117 ☐ ☐
- *Amérique du Nord, juin 2017* Exercice 1

## SUJETS DE GÉOGRAPHIE PAR THÈME

### Dynamiques territoriales de la France contemporaine

**Les aires urbaines, une nouvelle géographie d'une France mondialisée**

**23** Les aires urbaines en France .................... 121 ☐ ☐
- *Liban, juin 2017* Exercice 1

**Les espaces productifs et leurs évolutions**

**24** L'évolution des espaces industriels en France .... 126 ☐ ☐
- *Sujet inédit* Exercice 2

**25** Les espaces agricoles .................... 130 ☐ ☐
- *Amérique du Nord, juin 2017* Exercice 2

**Les espaces de faibles densité et leurs atouts**

**26** Les espaces de faible densité .................... 133 ☐ ☐
- *Asie, juin 2017* Exercice 1

### Pourquoi et comment aménager le territoire

**Aménager pour répondre aux inégalités croissantes entre territoires français, à toutes échelles**

**27** Aménager les territoires français .................... 138 ☐ ☐
- *Sujet inédit* Exercice 2

**Les territoires ultra-marins français : une problématique spécifique**

**28** L'Outre-mer, des territoires soumis à des difficultés spécifiques .................... 142 ☐ ☐
- *Sujet inédit* Exercice 1

### La France et l'Union européenne

**L'Union européenne, un nouveau territoire de référence et d'appartenance**

**29** L'Union européenne, un territoire original .......... 147 ☐ ☐
- *Sujet inédit* Exercice 2

## La France et l'Europe dans le monde

**30** L'Union européenne face aux enjeux du monde contemporain .................... 151 ☐ ☐
  ■ *Sujet inédit* Exercice 1
**31** La France, une influence mondiale .................... 155 ☐ ☐
  ■ *Polynésie, juin 2017* Exercice 2

# SUJETS D'EMC PAR THÈME

## La République et la citoyenneté
**Nationalité, citoyenneté française et citoyenneté européenne**

**32** Le vote .................... 159 ☐ ☐
  ■ *Liban, juin 2017* Exercice 3
**33** L'égalité politique homme-femme .................... 162 ☐ ☐
  ■ *Polynésie, juin 2017* Exercice 3

## La vie démocratique
**La vie sociale**

**34** L'exercice de la laïcité .................... 165 ☐ ☐
  ■ *Amérique du Nord, juin 2017* Exercice 3

## La défense et la paix
**La défense et l'action internationale de la France**

**35** Parcours citoyen .................... 169 ☐ ☐
  ■ *Asie, juin 2017* Exercice 3

# SUJETS D'ORAL

**36** **Parcours d'éducation artistique et culturelle**
  Otto Dix, *Les Joueurs de skat* .................... 174 ☐ ☐
  ■ *Sujet inédit*
**37** **Parcours citoyen**
  Aménagement des territoires français et engagement citoyen .................... 177 ☐ ☐
  ■ *Sujet inédit*
**38** **EPI – Transition écologique et développement durable**
  Transports et mobilités urbaines en France .................... 181 ☐ ☐
  ■ *Sujet inédit*

## RÉVISIONS ET MÉTHODE

### Repères de la 3ᵉ

**1** Repères chronologiques de la 3ᵉ .................... 186
**2** Repères spatiaux de la 3ᵉ ............................. 188

### Fiches de révisions

**3** Civils et militaires pendant la Première Guerre mondiale ....... 189
**4** Les régimes totalitaires dans les années 1930 ............. 190
**5** La République de l'entre-deux-guerres : une démocratie fragilisée ............. 191
**6** La Seconde Guerre mondiale, une guerre d'anéantissement (1939-1945) ............. 192
**7** La France défaite et occupée : régime de Vichy, collaboration, Résistance ............. 193
**8** Le monde depuis 1945 ............. 194
**9** La Vᵉ République à l'épreuve de la durée ............. 195
**10** Les aires urbaines, une nouvelle géographie d'une France mondialisée ............. 196
**11** Dynamique des espaces productifs ............. 198
**12** L'Union européenne, « un nouveau territoire » ............. 199
**13** La France, une puissance d'influence ............. 200
**14** Les espaces de faible densité ............. 201
**15** La République et la citoyenneté ............. 202
**16** La vie démocratique ............. 203
**17** La défense et la paix ............. 204

### Cartes repères du collège

**18** Les régions de France ............. 205
**19** Le territoire français ............. 206
**20** Les États de l'Union européenne ............. 207
**21** Métropoles européennes, l'espace Schengen et la zone euro ............. 208
**22** Les principales aires urbaines en France ............. 209
**23** Le territoire des aires urbaines métropolitaines ............. 210
**24** Peuplement et principales aires urbaines en France ............. 211

| 25 | La diversité des politiques d'aménagement du territoire | 212 |
| 26 | L'organisation de l'espace européen | 213 |
| 27 | La situation de la France en Europe | 214 |
| 28 | L'Europe, un géant dans le commerce mondial | 215 |
| 29 | Les territoires ultra-marins de la France | 216 |

## Fiches méthodes pour le Brevet

| 30 | Analyser un article de journal | 217 |
| 31 | Analyser une photographie d'actualité | 219 |
| 32 | Analyser un graphique | 221 |
| 33 | Analyser une carte en Géographie | 223 |

## Lexique ... 228

# Infos-Brevet

- **LE NOUVEAU BREVET** .... 14
- **L'ÉPREUVE D'HISTOIRE, GÉOGRAPHIE ET EMC EXPLIQUÉE** .... 16
- **LA MÉTHODE POUR LE BREVET** .... 17
- **LE PROGRAMME** .... 21

# INFOS-BREVET — Le nouveau Brevet

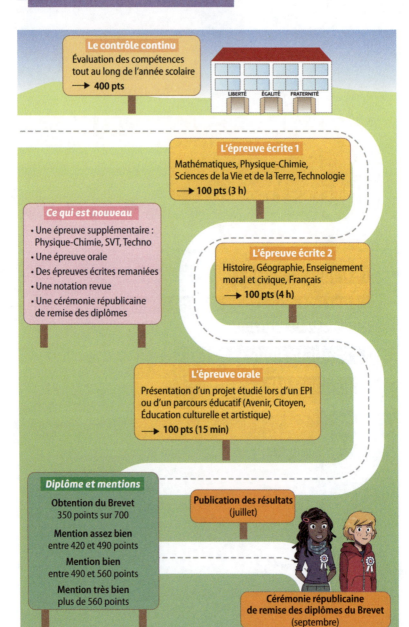

## Le nouveau Brevet — INFOS-BREVET

▶ **La 2ᵈᵉ épreuve du nouveau Brevet : Français, Histoire, Géographie, Enseignement moral et civique**

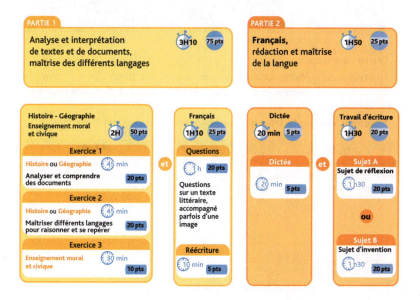

**INFOS-BREVET** — L'épreuve d'Histoire, Géographie, EMC expliquée

## L'épreuve d'Histoire, Géographie, EMC expliquée

- **Durée :** 2 heures
- **Notation :** une note globale sur 50 points est attribuée au candidat (20 points pour l'histoire, 20 points pour la géographie et 10 points pour l'enseignement moral et civique).
- **L'épreuve comporte trois parties obligatoires**, divisés en 3 exercices.

| Exercice 1 | Exercice 2 | Exercice 3 |
|---|---|---|
| • Histoire ou géographie<br>• Analyser et comprendre des documents | • Histoire ou géographie<br>• Maîtriser différents langages pour raisonner et se repérer | • Enseignement moral et civique<br>• Questions sur des documents |

### Top chrono !

Pour vous organiser efficacement, prévoyez environ :
- **45 minutes pour** l'exercice 1
- **45 minutes pour** l'exercice 2
- **30 minutes pour** l'exercice 3

### ▶ Quels sont les critères d'évaluation de ma copie de Brevet ?

On attend de vous que vous soyez capable de :
- **maîtriser les connaissances** du programme de 3e ;
- **savoir lire et comprendre** un document ;
- **lire, comprendre et utiliser différents langages** (textuel, iconographique, cartographique, graphique) ;
- **répondre aux questions posées** ou aux consignes ;
- **rédiger un développement construit** en réponse à l'une des questions d'histoire ou de géographie.

# La méthode pour le Brevet

### Bien s'organiser pour réviser

- **Révisez régulièrement votre cours**, n'attendez pas le dernier mois avant l'épreuve.
- **Les Brevets blancs** préparés dans votre collège tout au long de l'année vont vous aider à connaître les caractéristiques de l'épreuve finale.
- Fabriquez-vous des **fiches de révisions** comprenant le vocabulaire, les dates, les localisations, ainsi que les grandes questions possibles.
- **Entraînez-vous à répondre à des questions** ; vous pouvez vous interroger mutuellement avec des camarades de classe.
- **Entraînez-vous à lire des documents** et à vous demander quel est le sens général du document.

### Exercice 1 : Analyser et comprendre des documents

#### Histoire ou Géographie

- **Un travail sur un ou plusieurs document(s)** vous est proposé dans une des deux matières. Vous devrez répondre à des questions ou des consignes permettant d'**identifier** le ou les document(s) proposé(s), d'en dégager le **sens**, de prélever des informations et éventuellement, de porter un regard **critique** sur ce ou ces document(s) en soulignant son intérêt ou ses limites.
- **Pensez à présenter le ou les document(s)**, même si on ne vous le demande pas spécifiquement. Pour cela, identifiez la nature du ou des document(s), l'auteur, la date…
- **Vous devez également rattacher le ou les document(s) proposé(s) à un chapitre du programme** : ainsi vous comprendrez rapidement pourquoi on vous propose ce ou ces document(s).

> **L'astuce du prof**
>
> Quand vous le pouvez, utilisez des connaissances personnelles qui permettent de comprendre le ou les document(s), sans réciter votre cours. L'objet d'analyse reste le ou les document(s).

- **Lisez attentivement** les intitulés des questions, des consignes et les documents, y compris les graphiques et les images, les photographies et les légendes des cartes. Analysez les **chiffres**, relevez les **détails** d'une photographie ou d'un dessin.
- Certaines questions vous demandent de **prélever des informations** sur le ou les document(s), de **vous servir de vos connaissances** pour répondre à la question, ou bien encore **d'analyser les informations** données par le ou les document(s).

**INFOS-BREVET** — **La méthode pour le Brevet**

- **En Histoire** : repérez à quel type de document vous êtes confronté. Est-ce un témoignage fait par quelqu'un ayant assisté à un événement historique, est-ce l'analyse d'un historien ? etc.
- **En Géographie** : il faut identifier clairement l'espace étudié en s'interrogeant sur l'échelle à laquelle il est considéré : le document concerne-t-il un phénomène mondial, une situation nationale, régionale ou locale ?

### Exercice 2 : Maitriser différents langages
## Histoire ou géographie

- **Un paragraphe argumenté** vous est demandé dans chacune des deux matières, sur un thème donné dans les consignes et d'une longueur correspondant aux attentes des correcteurs. Mettez en œuvre toutes vos connaissances et sélectionnez-les bien pour répondre le plus précisément possible au sujet donné.
- Vous devez tout d'abord **introduire votre développement** en expliquant de quoi il s'agit et en le situant dans le temps et dans l'espace.

> **Conseil**
> Pour introduire un développement construit, posez-vous à chaque fois les questions suivantes : Où ? Quand ? Qui ?

- Vous devez ensuite **organiser vos idées** en deux ou trois parties qui correspondent à deux ou trois idées différentes. Là encore, utilisez un vocabulaire précis appris en cours. Quand vous avez fini d'exposer l'une de vos idées, **allez à la ligne** ou **sautez une ligne** pour montrer au correcteur que vous **passez à une autre idée**.
- **Un second exercice** faisant appel à un **autre langage** peut être préparé. Il s'agit par exemple de remplir une frise, un croquis ou un schéma, en respectant les consignes données : colorier une carte ou compléter un croquis en y ajoutant des flèches, des points ou des couleurs. Le but sera toujours de voir si vous avez compris l'**organisation** et le **fonctionnement** de l'espace représenté.
- **Pensez à toujours vous munir de crayons de couleur** car vous pouvez en avoir besoin.
- **Pensez à relire les croquis étudiés en classe** (en particulier le titre et la légende) et, éventuellement, à les reproduire en guise d'entrainement.

## Exercice 3 : Enseignement moral et civique
## EMC

- **Vous devez identifier** les documents proposés, en dégager le sens, prélever des informations et, éventuellement, porter un regard critique sur ces documents en indiquant son intérêt ou ses limites.
- **Vous devez rendre compte** du problème politique ou social mis en avant par les documents. Prenez des exemples qui montrent que vous suivez l'actualité et que vous vous intéressez au monde qui vous entoure. Ne vous limitez pas aux connaissances extraites de votre cours.
- Certaines questions vous demandent de **prélever des informations** sur les documents, de **vous servir de vos connaissances** pour répondre à la question, ou **d'analyser les informations données** par les documents.
- **Une situation pratique** vous sera proposée ainsi qu'un ensemble de questions en relation avec la situation. Vous devrez comprendre le cas décrit mais aussi mettre à profit toutes les connaissances acquises tout au long de l'année pour répondre correctement.

### Le jour J

- **N'oubliez pas d'apporter une trousse complète** avec des stylos bleu, rouge et vert, une règle, un crayon à papier, une gomme et des crayons de couleur.
- **Commencez par la matière que vous maîtrisez le mieux,** cela vous mettra en confiance pour la suite.
- **Ne perdez pas de temps** en détaillant trop votre brouillon ; si vous en faites un, limitez-vous aux questions longues, en particulier celles qui demandent un développement construit.

## INFOS-BREVET — La méthode pour le Brevet

### Comment bien présenter votre copie ?

- Dans la maîtrise de la langue, sont prises en compte la **rédaction**, la **grammaire**, l'**orthographe** et la **lisibilité** de votre copie.
- **Soignez votre écriture** et aérez votre copie.
- **Écrivez bien sur les lignes** et n'écrivez pas trop petit, même si vous devez respecter le nombre de lignes imposé par les cadres.
- **Toutes vos réponses doivent être rédigées** : évitez les tirets, le style télégraphique ou les abréviations.
- **Évitez le « je »** dans la rédaction.
- Le **nombre de lignes** laissé pour chaque question est à respecter. Il vous donne une indication sur la longueur maximale attendue par le correcteur (toutes les lignes ne seront pas nécessairement remplies).
- **Prenez impérativement du temps pour vous relire,** surtout si vous n'avez pas fait de brouillon.

# Le programme

**ATTENTION**

- Les indications qui suivent sont conformes aux textes publiés dans les Bulletins Officiels de l'Éducation nationale du 26 novembre 2015 pour l'Histoire et la Géographie et du 25 juin 2015 pour l'EMC. Les nouveaux programmes entrent en vigueur à la rentrée 2016 à l'exception du programme d'EMC qui est entré en vigueur en septembre 2015.
- La réforme du collège impose un enseignement par cycles.
- Le cycle 4 correspond aux trois classes de collège : 5e, 4e et 3e.
- Il existe en Histoire, Géographie, Enseignement moral et civique un programme pour chaque niveau.

## Le programme d'Histoire

| Thèmes | Sous-thèmes |
|---|---|
| L'Europe, un théâtre majeur des guerres totales (1914-1945) | Civils et militaires dans la Première Guerre mondiale |
| | Démocraties fragilisées et expériences totalitaires dans l'Europe de l'entre-deux-guerres |
| | La Seconde Guerre mondiale, une guerre d'anéantissement |
| | La France défaite et occupée. Régime de Vichy, collaboration, Résistance |
| Le monde depuis 1945 | Indépendance et construction de nouveaux États |
| | Un monde bipolaire au temps de la Guerre froide |
| | Affirmation et mise en œuvre du projet européen |
| | Enjeux et conflits dans le monde après 1989 |
| Françaises et Français dans une République repensée | 1944-1947 : refonder la République, redéfinir la démocratie |
| | La Ve République, de la république gaullienne à l'alternance et à la cohabitation |
| | Femmes et hommes dans la société des années 1950 aux années 1980 : nouveaux enjeux sociaux et culturels, réponses politiques |

- Chaque thème de cycle 4 est approfondi dans chaque niveau de cycle.

**INFOS-BREVET** — Le programme

## Le programme de Géographie

| Thèmes | Sous-thèmes |
|---|---|
| Dynamiques territoriales de la France contemporaine | Les aires urbaines, une nouvelle géographie d'une France mondialisée |
| | Les espaces productifs et leurs évolutions |
| | Les espaces de faible densité (espaces ruraux, montagnes, secteurs touristiques peu urbanisés) et leurs atouts |
| Pourquoi et comment aménager le territoire ? | Aménager pour répondre aux inégalités croissantes entre territoires français, à toutes les échelles |
| | Les territoires ultra-marins français : une problématique spécifique |
| La France et l'Union européenne | L'Union européenne, un nouveau territoire de référence et d'appartenance |
| | La France et l'Europe dans le monde |

## Le programme d'Enseignement moral et civique

| Thèmes | Sous-thèmes |
|---|---|
| La République et la citoyenneté | Les valeurs, les principes et les symboles de la République |
| | Nationalité, citoyenneté française et citoyenneté européenne |
| La vie démocratique | La vie politique |
| | La vie sociale |
| | L'opinion publique et les médias |
| La défense et la paix | La recherche de la paix, la sécurité collective, la coopération internationale |
| | La défense et l'action internationale de la France |

# 2ᵈᵉ épreuve complète du nouveau Brevet

**SUJETS 1 À 5 :**
**Géographie, Histoire, EMC, Français** ............ 24

**SUJETS 6 À 10 :**
**Histoire, Géographie, EMC, Français** ............ 44

# 2ᵈᵉ ÉPREUVE

**Sujets 1 à 5** — 2ᵈᵉ épreuve complète du Brevet

100 pts  5 heures

France métropolitaine, juin 2017

## HISTOIRE-GÉOGRAPHIE-EMC – FRANÇAIS

### PARTIE 1
**Comprendre, analyser et interpréter**

 3 h 10 — 75 pts

#### PARTIE 1.1 • Histoire, Géographie, Enseignement moral et civique

**Exercice 1** : Analyser et comprendre des documents  45 min — 20 pts

#### GÉOGRAPHIE

**Document 1** ▸ Évolution de la France urbaine

L'un des éléments majeurs qui transforme le territoire national et la société française est la généralisation du fait urbain. Le seuil des 50 % de population urbaine, atteint au niveau mondial en 2007, a été franchi en France dès 1931. […] Les villes occupent aujourd'hui près de 22 % du territoire métropolitain, soit 119 000 km² sur un total de 550 000, contre 100 000 km² en 1999, ce qui représente une progression de 19 % en dix ans. Le rythme de la croissance urbaine est ainsi plus soutenu qu'au cours des décennies précédentes, proche de celui des années 1950 et 1960.

La croissance urbaine se traduit par l'agrandissement d'agglomérations existantes ou par l'apparition de nouvelles villes isolées. […] Aujourd'hui, l'urbanisation du territoire français est essentiellement le produit de l'étalement urbain, c'est-à-dire l'extension des surfaces urbanisées. […]

Cette généralisation du fait urbain a des conséquences majeures pour les territoires et leurs habitants. Elle transforme aussi bien les formes que les paysages. Lyon est un bon exemple de la diversité des espaces urbains à l'intérieur d'une même aire urbaine. L'étalement urbain brouille en effet les frontières traditionnelles de la ville. L'apparition de l'adjectif « périurbain »souligne l'émergence d'un espace mélangeant ville et campagne.

D'après Magali Reghezza-Zitt, « La France, une géographie en mouvement »,<br>
La Documentation photographique, n° 8096, 2013.

## Questions → corrigé p. 31

**1** Recopiez deux informations du texte montrant que la population habitant dans les villes augmente. **4 pts**

**2** Citez une information du texte qui montre que l'étalement urbain concerne l'ensemble du territoire national. **3 pts**

**3** Indiquez une conséquence de l'étalement urbain. **3 pts**

**4** Expliquez la phrase soulignée. **4 pts**

**5** Réalisez un schéma et sa légende des différents types d'espaces qui composent une aire urbaine. **6 pts**

### Exercice 2 : Maîtriser différents langages  **20 pts**

#### HISTOIRE → corrigé p. 33

**1** Rédigez un développement construit d'environ vingt lignes expliquant comment une colonie est devenue indépendante. Vous vous appuierez sur l'exemple étudié en classe. **14 pts**

**2** Situez les événements sur la frise chronologique ci-après, en reportant le numéro correspondant dans la case. **2,5 pts**

1. La chute du mur de Berlin

2. La libération de la France

3. La naissance de la V<sup>e</sup> République

4. La Première Guerre mondiale

5. L'arrivée d'Hitler au pouvoir

## 2ᵈᵉ ÉPREUVE

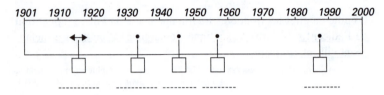

**3** Sur les pointillés, vous indiquerez la date de deux événements de votre choix. **2 pts**

**4** À partir de la frise chronologique, trouvez l'événement en lien avec la Guerre froide et justifiez votre choix en quelques mots. **1,5 pt**

### Exercice 3 : Enseignement moral et civique  10 pts

**Document** La mobilisation des militaires auprès des populations

Au moment où le Nord-Ouest de la France a connu fin mai 2016 des pluies torrentielles et des débordements de nombreux cours d'eau qui ont généré d'importantes perturbations dans les transports, 10 camions de l'armée de terre ont été déployés, le 2 juin, à la demande du préfet du Loiret pour permettre le transport de plusieurs centaines de personnes bloquées sur les axes routiers vers des zones d'hébergement d'urgence communales. Au total, ce sont 250 militaires qui sont mobilisés depuis un peu plus d'une semaine pour lutter contre les intempéries.
Cette mission de soutien est donc l'occasion de faire un bilan de la participation des forces armées du ministère de la Défense à la lutte contre les intempéries et les feux de forêts sur le territoire national et d'en tirer des conclusions, surtout dans le contexte de resserrement budgétaire et d'état d'urgence dans lequel vit la France.

Fondation iFRAP (Fondation pour la recherche sur les administrations et les politiques publiques), page consultée le 6 juin 2016.

### Questions → *corrigé p. 36*

**1** Expliquez quelle est la mission confiée aux forces de l'armée de terre dans le document.

**2** Citez une autre mission confiée aux forces armées sur le territoire national ou à l'extérieur.

**3** Vous avez été choisi(e) pour représenter la France au prochain sommet de l'Union européenne. Vous êtes chargé(e) de réaliser une note pour présenter une mission des militaires français sur le territoire national ou à l'étranger.

Montrez en quelques lignes que l'armée française est au service des valeurs de la République et de l'Union européenne.

## PARTIE 1.2 • Français

### Document A — Texte littéraire

*Giono a décidé de vivre à la campagne, au plus près de la nature. Néanmoins, il va parfois à Paris. Il évoque ici son expérience de la ville.*

Quand le soir vient, je monte du côté de Belleville[1]. À l'angle de la rue de Belleville et de la rue déserte, blême et tordue, dans laquelle se trouve *La Bellevilloise*[2], je connais un petit restaurant où je prends mon repas du soir. Je vais à pied. Je me sens tout dépaysé par la dureté
5 du trottoir et le balancement des hanches qu'il faut avoir pour éviter ceux qui vous frôlent. Je marche vite et je dépasse les gens qui vont dans ma direction ; mais quand je les ai dépassés, je ne sais plus que faire, ni pourquoi je les ai dépassés, car c'est exactement la même foule, la même gêne, les mêmes gens toujours à dépasser sans jamais
10 trouver devant moi d'espaces libres. Alors, je romps mon pas et je reste nonchalant[3] dans la foule. Mais ce qui vient d'elle à moi n'est pas sympathique. Je suis en présence d'une anonyme création des forces déséquilibrées de l'homme. Cette foule n'est emportée par rien d'unanime. Elle est un conglomérat de mille soucis, de peines, de joies,
15 de fatigues, de désirs extrêmement personnels. Ce n'est pas un corps organisé, c'est un entassement, il ne peut y avoir aucune amitié entre elle, collective, et moi. Il ne peut y avoir d'amitié qu'entre des parties d'elle-même et moi, des morceaux de cette foule, des hommes ou des femmes. Mais alors, j'ai avantage à les rencontrer seuls et cette foule
20 est là seulement pour me gêner. Le premier geste qu'on aurait si on rencontrait un ami serait de le tirer de là jusqu'à la rive, jusqu'à la terrasse du café, l'encoignure de la porte, pour avoir enfin la joie de véritablement le rencontrer.
[…]
25 De tous ces gens-là qui m'entourent, m'emportent, me heurtent et me poussent, de cette foule parisienne qui coule, me contenant sur

les trottoirs devant *La Samaritaine*[4], combien seraient capables de recommencer les gestes essentiels de la vie s'ils se trouvaient demain à l'aube dans un monde nu ?

30  Qui saurait orienter son foyer en plein air et faire du feu ?

Qui saurait reconnaître et trier parmi les plantes vénéneuses les nourricières comme l'épinard sauvage, la carotte sauvage, le navet des montagnes, le chou des pâturages ?

Qui saurait tisser l'étoffe ?

35  Qui saurait trouver les sucs pour faire le cuir ?

Qui saurait écorcher un chevreau ?

Qui saurait tanner la peau ?

Qui saurait vivre ?

Ah ! c'est maintenant que le mot désigne enfin la chose ! Je vois ce qu'ils savent faire : ils savent prendre l'autobus et le métro. Ils savent arrêter un taxi, traverser une rue, commander un garçon de café ; ils le font là tout autour de moi avec une aisance qui me déconcerte et m'effraie.

---

**1.** *Belleville* : quartier parisien dans l'Est de la ville.
**2.** *La Bellevilloise* : coopérative ouvrière qui permettait aux ouvriers d'acheter des produits de consommation moins chers. C'est aussi en 1936 un lieu culturel très connu.
**3.** *Nonchalant* : lent et indifférent.
**4.** *La Samaritaine* : grand magasin parisien, fondé en 1870.

Jean Giono, *Les Vraies Richesses*, Grasset & Fasquelle, 1937.

**Document B** Image

Jean-Pierre Stora, *Allées piétonnières*, 1995, lavis encre de chine, 64 × 50.

## Questions → *corrigé p. 37*   **20 pts**

**Sur le texte littéraire (document A)**

**1** En vous appuyant sur le premier paragraphe, expliquez la formule du narrateur « Je me sens tout dépaysé » (ligne 4). **2 pts**

**2 a.** Quel est ici le sens du mot « entassement » (ligne 16) ?
Trouvez un synonyme de ce nom dans les lignes qui précèdent.
**b.** « Elle est […] personnels. » (lignes 14-15) : quel est le procédé d'écriture utilisé dans cette phrase ?
**c.** En vous appuyant sur vos deux réponses précédentes, expliquez comment le narrateur perçoit la foule. **4 pts**

**3** Ligne 34 à ligne 40 :
**a.** Quelles remarques pouvez-vous faire sur la disposition et les procédés d'écriture dans ce passage ? Trois remarques au moins sont attendues.
**b.** Quel est, selon vous, l'effet recherché par le narrateur dans ce passage ? Développez votre réponse. **4 pts**

**4** Dans le dernier paragraphe, pourquoi le narrateur est-il déconcerté et effrayé (lignes 42 à 45) ? Justifiez votre réponse en vous appuyant sur le texte. **2 pts**

**5** Ce texte est extrait d'un livre intitulé *Les Vraies Richesses*. Quelles sont, selon vous, les « vraies richesses » auxquelles pense l'auteur ? Rédigez une réponse construite et argumentée. **4 pts**

### Sur le texte littéraire et l'image (documents A et B)

**6** Que ressentez-vous en regardant l'œuvre de Jean-Pierre Stora (document B) ? Expliquez votre réponse. **2 pts**

**7** Cette œuvre (document B) peut-elle illustrer la manière dont le narrateur perçoit la foule dans le texte de Jean Giono (document A) ? Développez votre réponse. **2 pts**

### Réécriture → *corrigé p. 39*  **5 pts**

« Je connais un petit restaurant où je prends mon repas du soir. Je vais à pied. Je me sens tout dépaysé par la dureté du trottoir et le balancement des hanches qu'il faut avoir pour éviter ceux qui vous frôlent. »

❯ Réécrivez le passage ci-dessus en remplaçant « je » par « nous » et en mettant les verbes conjugués à l'imparfait.

## PARTIE 2  **25 pts**
### Rédaction et maîtrise de la langue

**Dictée**  **5 pts**

❯ Écoutez la dictée sur le site abcbrevet.com.
Consignes :
– On dictera le texte à haute voix à plusieurs reprises.
– On inscrira au tableau de manière lisible par l'ensemble des candidats le titre de l'œuvre et le nom de l'auteur.

**Travail d'écriture**  **20 pts**

*Vous traiterez au choix un des deux sujets de rédaction suivants :*

### Sujet A → *corrigé p. 40*

❯ Pensez-vous comme Jean Giono que la ville soit un lieu hostile ?
Vous proposerez une réflexion organisée et argumentée en vous appuyant sur vos lectures et vos connaissances personnelles.
Votre rédaction sera d'une longueur minimale d'une soixantaine de lignes (300 mots environ).

**France métropolitaine, juin 2017** — Corrigés 1 à 5

## Sujet B → *corrigé p. 42*

> Vous vous sentez, vous aussi, « dépaysé(e) » en arrivant dans une ville. Racontez cette expérience. Vous décrivez les lieux que vous découvrez, vous évoquez vos impressions et vos émotions.
> Vous ne signerez pas votre texte de votre nom.
> Votre rédaction sera d'une longueur minimale d'une soixantaine de lignes (300 mots environ).

## Sujets 1 à 5 Corrigé

## PARTIE 1

### PARTIE 1.1 • Histoire, Géographie, EMC

**Exercice 1** → *énoncé p. 24*

#### Les clés pour réussir

▶ **Bien lire le document**

**Identifier sa nature**

- Ce document est un **texte rédigé par une géographe,** Magali Reghezza-Zitt, en 2013. C'est donc un texte avec un vocabulaire difficile, spécifique à la géographie mais qui décrit des **évolutions de la France urbaine** que vous avez **étudiées en classe** tout au long de l'année.

**Repérer les éléments importants**

- **Chaque paragraphe du texte,** qui développe **une évolution** importante des aires urbaines : prenez le temps de résumer cette évolution au brouillon pour bien comprendre l'ensemble du document.
- **Les chiffres** cités par le texte, sur lesquels vous pouvez vous appuyer.

▶ **Bien comprendre les questions**

**Question 1**

- Cette question est difficile car les informations prélevées doivent porter sur la **croissance** de la population urbaine **et non pas sur ses conséquences** : la croissance et l'extension des villes. Attention donc de bien recopier des éléments du texte qui correspondent à la consigne.

**Question 2**

- Plusieurs informations dans le texte nous montrent que l'étalement urbain concerne l'ensemble du territoire national. Vous pouvez en trouver **une dans chaque paragraphe** du texte.

## 2ᵈᵉ ÉPREUVE

### Question 3
● Le dernier paragraphe indique plusieurs conséquences de l'étalement urbain, il faut en **sélectionner une et la citer ou utiliser votre propre vocabulaire** en vous appuyant sur vos connaissances sans paraphraser le texte.

### Question 4
● Il ne faut pas se contenter de répéter les explications déjà données par le texte ; il faut **décrire à l'aide de connaissances précises** cet espace périurbain qui se développe à la périphérie des aires urbaines. C'est le point essentiel du chapitre sur les aires urbaines et vous devez montrer que vous avez compris pourquoi et comment cet espace périurbain ne cesse de se développer.

### Question 5
● Le schéma doit porter uniquement sur les **différents types d'espaces qui composent une aire urbaine** : les **déplacements de population** ne sont pas nécessairement attendus, mais ils **seront valorisés**. Vous pouvez aussi montrer le **processus d'étalement urbain**.

● Faites un **travail soigné** à l'aide d'un compas si possible, **en choisissant bien les couleurs** car dans une carte ou dans un schéma en géographie, elles ont un sens. N'oubliez pas la **légende** dans laquelle les couleurs doivent correspondre à celle du schéma.

### Les mots-clés

● **Aire urbaine** : ensemble formé par une ville, ses banlieues et ses communes périurbaines, dont au moins 40 % des habitants travaillent dans la ville-centre et ses banlieues.
● **Population urbaine** : population qui vit en ville.
● **Croissance urbaine** : augmentation de la taille et de la population des villes.
● **Agglomération** : pôle urbain (ville-centre + banlieues).
● **Étalement urbain** : extension de la ville sur l'espace rural.
● **Périurbanisation** : urbanisation de la périphérie des agglomérations.

**1** Les deux informations qui nous montrent que la population habitant dans les villes augmente sont : « le seuil des 50 % de population urbaine, atteint au niveau mondial en 2007, a été franchi en France dès 1931 » et « le rythme de la croissance urbaine est ainsi plus soutenu qu'au cours des décennies précédentes, proche de celui des années 1950 et 1960 ».

### L'astuce du prof
Sélectionnez des informations qui concernent la population ou la société mais pas la superficie des villes.

**2** Une information qui nous montre que l'étalement urbain concerne l'ensemble du territoire national est par exemple : « Aujourd'hui, l'urbanisation du territoire français est essentiellement le produit de l'étalement urbain. »

> **L'astuce du prof**
> « Territoire national » est synonyme de « territoire français » ou de « territoire métropolitain ».

**3** Une conséquence de l'étalement urbain mentionnée dans le texte est par exemple : « L'étalement urbain brouille les frontières traditionnelles de la ville. »

> **L'astuce du prof**
> « Indiquez » signifie « citez une information prélevée dans le texte ».

**4** La phrase soulignée décrit l'apparition d'un nouvel espace dans les aires urbaines : la couronne périurbaine, où la ville rencontre la campagne, et donc « un espace mélangeant ville et campagne ». En effet, de plus en plus d'urbains cherchent à habiter dans un espace qui peut leur offrir une maison individuelle, avec un jardin, du calme et la proximité avec la nature tout en continuant à travailler dans la ville centre ou dans les banlieues des aires urbaines. Ils s'installent donc dans l'espace rural qui entoure le pôle urbain. Les zones pavillonnaires, les centres commerciaux et le réseau routier se développent, urbanisant peu à peu l'espace rural qui devient ainsi « périurbain ».

> **Gagnez des points !**
> Utilisez vos connaissances pour expliquer la phrase soulignée sans faire de paraphrase.

**5** Schéma d'une aire urbaine

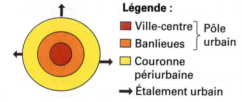

> **Gagnez des points !**
> N'oubliez pas le titre, un schéma porte toujours un titre. Vous pouvez aussi indiquer l'étalement urbain.

### Exercice 2 → énoncé p. 25

## Les clés pour réussir

### ▶ Bien comprendre les consignes

**Consigne 1**

● Cette consigne vous demande de rédiger un **développement construit** expliquant comment **une colonie est devenue indépendante**. Vous avez le choix de vous appuyer sur n'importe quel exemple étudié en cours. Les États les plus classiques sont l'**Inde**, l'**Indochine** et l'**Algérie**, mais vous pouvez choisir d'autres États. L'essentiel est que vous ayez suffisamment de connaissances sur ce pays pour pouvoir expliquer pourquoi il réclame son indépendance et comment il parvient à ses fins.

- **Attention de ne pas rédiger un texte sur la décolonisation en général**. Le sujet vous invite bien à vous appuyer sur un pays en particulier et pas sur tous les exemples que vous connaissez. Vous pouvez simplement évoquer la décolonisation en général dans l'introduction pour montrer que vous situez bien dans le temps sa principale phase.
- Sur le pays que vous avez choisi, vous devez évoquer les **causes** de cette indépendance, ses **acteurs** (personnages, partis, mouvements...), les **dates** importantes, notamment celle de l'indépendance et la **manière** dont s'est mise en place cette décolonisation, par la violence ou par des négociations.

**Consigne 2**

- Pour la **première partie** de la consigne, lisez bien l'énoncé et ne reportez que les numéros dans les cases.
- Pour la **deuxième partie** de la consigne, limitez-vous à deux événements même si vous les connaissez tous. Par date, on entend ici des années.
- Dans la **troisième partie** de la consigne, on vous demande de justifier votre choix. Il s'agit en fait de montrer que cet événement a un rapport avec la Guerre froide.

### Les mots-clés

- Indépendance • Colonie • Décolonisation • Inégalités • Revendications
- FLN • Accords d'Évian ➜ fiche 8

**1** De 1947 à 1962, la plupart des pays colonisés deviennent indépendants dans le monde. Comment l'Algérie, colonie française peuplée par environ un million d'Européens et des millions de « musulmans », est-elle devenue indépendante ?

À la fin de la Seconde Guerre mondiale, les revendications indépendantistes se font de plus en plus importantes en Algérie. De nombreux soldats algériens ont combattu aux côtés des Alliés pour libérer la France. Ils réclament à leur tour le droit à la liberté et à l'égalité, valeurs pour lesquelles ils se sont battus pendant la guerre. Le 8 mai 1945 à Sétif, à l'occasion de la célébration de la victoire des Alliés, une manifestation tourne à l'émeute. Des Européens sont tués et la répression française

### Gagnez des points !

Précisez les dates de la principale phase de décolonisation dans le monde qui commence par l'indépendance de l'Inde et se termine par celle de l'Algérie.

### L'astuce du prof

Commencez par expliquer pourquoi l'Algérie réclame son indépendance.

est sanglante. Ces événements montrent la rupture entre les Algériens et les Européens. Ce d'autant plus que les inégalités sont très fortes entre les deux peuples. Par exemple, dans les années 1950, alors que 100 % des enfants européens sont scolarisés, ce n'est le cas que pour moins de 20 % des Algériens. Les colons habitent surtout dans les grandes villes tandis que ceux qu'on appelle les « musulmans » ou les « indigènes » sont surtout des ruraux.

Pour obtenir son indépendance, l'Algérie doit mener une guerre de décolonisation. En 1954, le Front de libération nationale (FLN) proclame l'indépendance de l'Algérie, en même temps qu'éclate une vague d'attentats touchant la communauté européenne en Algérie. Face à ces violences, le gouvernement français envoie l'armée et les appelés du contingent. Les violences sont nombreuses de chaque côté. Les militaires français traquent les partisans du FLN cachés dans les maquis et n'hésitent pas à pratiquer la torture. De leur côté, les indépendantistes assassinent des fonctionnaires français et des Algériens suspectés d'aider les colons. La politique de la France en Algérie est vivement critiquée à l'ONU, mais aussi par les deux grandes puissances, les États-Unis et l'URSS. Ce n'est qu'après huit ans d'une guerre sanglante que le général de Gaulle, président de la V$^e$ République depuis 1958, clôt les négociations avec le FLN par les accords d'Évian en 1962, qui accordent son indépendance à l'Algérie.

> **L'astuce du prof**
>
> Caractérisez bien les deux camps qui s'opposent.

L'Algérie a donc dû mener une violente guerre de décolonisation pour obtenir son indépendance. Des dizaines de milliers d'Européens, les « Pieds-Noirs » doivent quitter le pays dans la précipitation. L'Algérie décolonisée doit faire face au défi de la construction d'un nouvel État.

> **Gagnez des points !**
>
> Dans la conclusion, essayez d'élargir un peu le sujet en expliquant une ou deux conséquences de cette guerre.

**2 a.** et **b.**

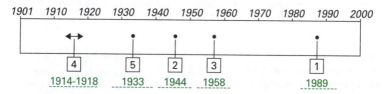

**c.** L'événement en lien avec la Guerre froide est la chute du mur de Berlin en 1989 car cet événement est symbolique de l'effondrement du bloc de l'Est et donc de la fin de la Guerre froide.

> **Gagnez des points !**
>
> Pour la troisième partie de la consigne, rédigez bien votre réponse, sans raconter toute l'histoire du mur de Berlin.

## Exercice 3 → *énoncé p. 26*

### Les clés pour réussir

**Bien comprendre les consignes**

**Consigne 1**
- Vous pouvez trouver la réponse à cette question dans le **premier paragraphe du document**. Ne vous contentez pas de citer le but général de la mission. **Expliquez** le plus précisément possible ce que les militaires français ont dû faire lors de cette mission.

**Consigne 2**
- Pour cette question, vous avez besoin de **connaissances personnelles**. Choisissez une mission abordée en classe. Sur le territoire national et à l'extérieur, les missions de l'armée française sont en général très différentes : en France, il s'agit plutôt de **défendre le territoire national et sa population** ; à l'extérieur, ce sont souvent **des missions humanitaires ou de défense de la paix internationale**.

**Consigne 3**
- Dans cette consigne, vous êtes un représentant de la France au sommet de l'UE. Vous allez donc vous adresser à des personnes qui ne sont pas françaises et vous allez devoir leur expliquer en quoi le rôle de l'armée française est au service des valeurs de la République et de l'Union européenne. Il ne s'agit donc pas seulement de décrire une mission comme dans la consigne 2, mais de montrer que le but de la France n'est pas de conquérir des territoires ou de s'ingérer dans les affaires de pays étrangers. Vous devez donc montrer que la mission que vous décrivez est une mission de paix et de défense de la population.

### Les mots-clés

- Défense nationale • Armée de terre • État d'urgence • Union européenne
- Territoire national • Valeurs de la République → fiche 17

**1** Dans le document, la mission confiée aux forces de l'armée de terre consiste à « lutter contre les intempéries » pour secourir et protéger la population civile. En effet, fin mai 2016, des pluies torrentielles se sont abattues sur le Nord-Ouest de la France et plusieurs centaines de personnes sont coincées sur les routes. Il faut donc les secourir et les amener vers des zones d'hébergement d'urgence dans les villes et villages alentours.

> **Gagnez des points !**
> Détaillez bien ce pour quoi les militaires sont mobilisés et pas seulement le but général de leur mission.

**2** Les forces armées françaises ont de nombreuses missions. Sur le territoire national, elles participent par exemple au plan Vigipirate destiné à protéger la population contre de possibles attaques terroristes dans les lieux les plus fréquentés comme les gares, les aéroports ou les lieux touristiques.

> **L'astuce du prof**
> Choisissez une mission facile à décrire et soyez précis dans la description de cette mission.

**3** **Note pour le sommet de l'Union européenne**

L'armée française est au service des valeurs de la République et de l'Union européenne. Elle est chargée de défendre la démocratie et les droits de l'Homme sur son territoire, en Europe et dans le monde, tout en assurant la défense de sa population et de la population européenne en général.

> **L'astuce du prof**
> Faites bien le lien entre les valeurs (démocratie, défense de la population civile…) et l'opération que vous choisissez.

C'est à ce titre que l'armée française intervient au Sahel dans le cadre de l'opération Barkhane. Cette opération vise à lutter contre les groupes armés terroristes présents au Sahel en partenariat avec les États du G5 Sahel (Burkina Faso, Mali, Mauritanie, Niger et Tchad). Le but est d'aider les pays du G5 Sahel à lutter contre les terroristes, mais aussi d'empêcher que des terroristes entraînés dans cette zone ne rejoignent ensuite l'Europe pour y commettre des attentats. Cette opération vise à échanger des informations avec les pays du G5 Sahel, à coopérer avec leurs armées pour trouver des terroristes et des caches d'armes, à les aider à assurer seuls leur sécurité face aux terroristes et à aider les populations dans les zones occupées par les combattants djihadistes.

## PARTIE 1.2 • Français

**Questions** → *énoncé p. 29*

> **Les clés pour réussir**
>
> **2** **a.** Pensez à utiliser le **radical** du mot pour expliquer son sens. Un synonyme est un mot qui a presque le même sens, mais qui n'appartient pas à la même famille (pas le même radical).
> **b.** Une accumulation ou énumération consiste à énoncer une série plus ou moins longue de termes ou groupes de mots de même catégorie. C'est une figure d'**insistance**.
> **3** **a.** et **b.** Les procédés d'écriture sont les écarts par rapport à l'usage habituel de la langue. Ici, on est proche d'un **univers poétique**, on peut donc faire des remarques sur : la disposition en vers, les anaphores, la forme des phrases, le mode verbal utilisé…
> **6** On attend une réponse personnelle et argumentée évoquant clairement **un ressenti, des émotions, des comparaisons, des expériences**.

## 2ᵈᵉ ÉPREUVE

**1** La formule « Je me sens tout dépaysé » montre à quel point le narrateur se sent en marge de la foule de ses contemporains. Il est gêné par le nombre : « sans jamais trouver d'espace libre » (l. 9) ; « cette foule est là seulement pour me gêner » (l. 20) ; mais aussi par l'anonymat qui y règne : « anonyme » (l. 12). De plus, il ressent de l'antipathie de la part de la foule : « n'est pas sympathique » (l. 12).

**2 a.** Le mot « entassement » signifie une accumulation d'éléments, il est formé sur le radical « tas ». Ici, il s'agit d'un « tas » d'êtres humains qui forment une foule disparate. Le synonyme est « conglomérat » (l. 14).
**b.** Le procédé d'écriture est une énumération (ou accumulation) : l'auteur énumère les éléments qui constituent la foule.
**c.** Le narrateur perçoit donc la foule comme un assemblage d'éléments disparates sans unité, sans harmonie. Il ressent aussi de l'hostilité et de l'antipathie de la part de cette foule qui empêche toute possibilité de rencontre et d'amitié.

**3 a.** Ce passage s'apparente à un poème par sa mise en page : il y a un retour à la ligne pour chaque phrase comme s'il s'agissait de vers. De plus on remarque une anaphore, c'est-à-dire une répétition en début de phrase : « Qui saurait ». Enfin, toutes les phrases sont des questions rédigées au conditionnel.
**b.** Le narrateur cherche à surprendre et à impliquer son lecteur par les interrogations oratoires (fausses questions). Chacun est ainsi amené à s'interroger sur ses propres pratiques. De plus, l'anaphore suivie d'un verbe d'action à l'infinitif insiste sur ce point : quelle est la nature de nos compétences réelles ?

**4** Le narrateur prend conscience que les êtres humains se sont très bien adaptés au mode de vie urbain : il est troublé par l'aisance de leurs gestes quotidiens « prendre l'autobus et le métro » (l. 42) par contraste avec les gestes qu'ils ne savent plus faire. Cette aisance l'effraie car elle sous-entend l'incapacité à réaliser les gestes essentiels : « Qui saurait vivre ? » (l. 40).

**5** Selon l'auteur, les vraies richesses sont les sentiments qui relient les êtres humains : la sympathie et l'amitié. Ces relations ne peuvent se tisser que dans des relations individuelles avec l'autre qui permettent d'avoir « la joie de véritablement le rencontrer » (l. 22). Un retour à la nature est nécessaire pour l'être humain s'il veut profiter de ces vraies richesses, il doit se comporter comme s'il devait vivre à nouveau dans « un monde nu » (l. 30).

**6** Cette œuvre de J.-P. Stora fait ressentir un certain malaise : toutes les lignes diagonales créent des points de fuite vers l'extérieur de l'image. Il n'y a pas de début et pas de fin, comme si les personnages étaient en perpétuel mouvement vers… nulle part, et en venant d'on ne sait où.

**7** L'œuvre et le texte présentent plusieurs points communs dans la représentation de la foule : ces « allées piétonnières » parallèles et séparées par des murs donnent l'impression que les gens se croisent ou se dépassent sans se voir comme chez Giono : « je marche vite et je dépasse les gens qui vont dans ma direction » (l. 6). De plus, les corps sur l'image ne sont que des ombres, des silhouettes sans visages, « anonymes » comme dans le texte de Giono (l. 12). Enfin, on voit que sur l'image il n'y a aucune rencontre entre les personnes, ce que regrette également l'auteur.

## Réécriture → *énoncé p. 30*

### Les clés pour réussir

- **On vous demande** de mettre les verbes à l'imparfait et de passer du singulier au pluriel en remplaçant « je » par « nous ».
- **Vous devez modifier :**
– les pronoms personnels et réfléchis ;
– la conjugaison des verbes ;
– un accord de participe passé ;
– un déterminant possessif.

**Nous connaissions** un petit restaurant où **nous prenions notre (ou nos)** repas du soir. **Nous allions** à pied. **Nous nous sentions** tout **dépaysés** par la dureté du trottoir et le balancement des hanches qu'il **fallait** avoir pour éviter ceux qui vous **(ou nous) frôlaient**.

## PARTIE 2

## Dictée → *énoncé p. 30*

### Les clés pour réussir

▶ **Bien conjuguer**
- Le **passé simple** à la première personne du pluriel : -âmes/-îmes/-ûmes/-înmes.

▶ **Bien accorder**
- **Les participes passés** employés comme adjectifs.

▶ **Ne pas confondre**
- « et » et « est » → « et » est une conjonction de coordination, on peut la remplacer par « et puis ». « Est » est la troisième personne du singulier du verbe « être », on peut mettre le verbe au passé : « était ».

▶ **Bien orthographier**
- « **enflammé** » vient du radical « flamme », bien penser aux deux « m ».
- « **en bas** » s'écrit en deux mots.

## 2ᵈᵉ ÉPREUVE

> **Les mots difficiles**
> - **sournois** : penser au « s » final (féminin « sournoise »).
> - **mystérieusement** : penser au « y », comme dans le radical « mystère ».

De temps en temps, je m'arrête, je tourne la tête et je regarde vers le bas de la rue où Paris s'entasse : des foyers éclatants et des taches de ténèbres piquetées de points d'or. Des flammes blanches ou rouges flambent d'en bas comme d'une vallée nocturne où s'est arrêtée la caravane des nomades. Et le bruit : bruit de fleuve ou de foule. Mais les flammes sont fausses et froides comme celles de l'enfer. En bas, dans un de ces parages sombres est ma rue du Dragon, mon hôtel du Dragon. Quel ordre sournois, le soir déjà lointain de ma première arrivée, m'a fait mystérieusement choisir cette rue, cet hôtel au nom dévorant et enflammé ?

Il me serait facile, d'ici, d'imaginer le monstre aux écailles de feu.

Jean Giono, *Les Vraies Richesses*, Grasset & Fasquelle, 1937.

## Travail d'écriture – Sujet A → *énoncé p. 30*

> **Les clés pour réussir**
>
> ▶ **L'introduction**
> - **Introduisez le sujet** : vous pouvez faire référence au texte étudié ou à l'opposition ville/campagne.
> - **Présentez le sujet** : reprenez la question posée par le sujet.
> - Annoncez clairement votre **plan**.
>
> ▶ **Le développement**
> - Vous pouvez **opter pour une réponse positive** (la ville est un lieu hostile), pour une réponse **négative** (la ville est un lieu d'accueil ouvert) **ou pour un plan contradictoire** (la ville a des aspects positifs et négatifs).
> - Dans tous les cas, on attend un devoir construit clairement, avec des paragraphes bien mis en page, une introduction et une conclusion.
> - L'apport d'exemples issus de la culture littéraire et artistique est valorisé.
>
> ▶ **La conclusion**
> - **Résumez en d'autres termes** votre argumentation en précisant votre avis.
> - **Terminez avec une phrase d'ouverture**, pour élargir la question en restant sur le même thème.

### Méthode

*Pour vous aider, nous vous avons indiqué en couleur les parties de la rédaction qui répondent aux consignes.*

Indicateurs logiques  Arguments  |...| Exemples

Dans son texte extrait de *Les Vraies Richesses*, J. Giono dresse le tableau d'une ville effrayante. On peut se demander si la ville est effectivement un lieu hostile. Nous verrons dans une première partie que les villes présentent bien des aspects inquiétants, puis nous essaierons de montrer qu'elles savent aussi se montrer accueillantes.

En premier lieu, les villes, par leur concentration de population, concentrent aussi les problèmes. Les citadins se plaignent en effet souvent de l'insécurité ou de l'insalubrité qui sont liées à la vie urbaine. Ainsi, Faïza Guène, dans son roman *Du Rêve pour les oufs*, décrit les problèmes des jeunes dans une banlieue parisienne, qui sont confrontés à la drogue, au chômage et à la délinquance.

Par ailleurs, la ville est souvent associée à l'agitation, au bruit ou à la foule anonyme que décrit Giono. L'espace urbain devient donc hostile à cause d'une forme de surpopulation qui nuit à la tranquillité des habitants. Ce phénomène n'est pas récent puisque Boileau par exemple soulignait déjà cet inconvénient au XVII$^e$ siècle dans sa satire sur « les embarras de Paris ».

Pourtant, malgré ces inconvénients, les villes attirent toujours plus de monde, ce qui s'explique aussi par la proximité et la diversité des offres culturelles ou sportives qu'elles proposent. Ainsi, la ville de Paris permet à ses habitants de pouvoir sortir tous les jours pour visiter des expositions, aller au cinéma, au théâtre, alors que cette offre est bien plus limitée à la campagne.

Enfin, le brassage de population dans les villes est une occasion de s'ouvrir aux autres et d'échanger. Les différences sont bien mieux acceptées. Par exemple dans son roman *La Fée carabine*, Daniel Pennac décrit les échanges chaleureux entre les habitants de tous âges et de toutes origines dans le quartier de Belleville à Paris.

En définitive, le lieu de vie importe sans doute bien moins que l'état d'esprit des habitants : si l'on veut rencontrer les autres, il faut être ouvert et aller vers eux, que ce soit à la ville ou à la campagne.

# 2ᵈᵉ ÉPREUVE

## Travail d'écriture – Sujet B → *énoncé p. 31*

### Les clés pour réussir

#### ▶ Le sujet

- On attend un récit, **de type narratif**, qui contienne une **description** des lieux et l'expression des **impressions et des émotions** du narrateur.
- Il n'est pas obligatoire de raconter une expérience réelle et vécue, vous pouvez évoquer **toute découverte d'un espace urbain quel qu'il soit, réel ou imaginaire**.
- Pensez à vous appuyer sur votre connaissance de **textes liés à la ville** (programme de 4ᵉ : « La ville, lieu de tous les possibles »).

#### ▶ Le récit à la première personne

- Le récit devra être rédigé **à la première personne**, comme un texte autobiographique, même si vous n'avez jamais été confronté(e) à l'expérience de la découverte d'une nouvelle ville.
- Pour enrichir le récit de votre expérience, vous veillerez à insérer les éléments suivants :
– des **descriptions précises** ou des **portraits** pour que le lecteur puisse imaginer les objets, lieux, personnages de votre souvenir ;
– des réflexions sur vos **sensations** et vos **sentiments**, pour cela pensez à utiliser un lexique approprié : « je sentais », « j'observais », « j'écoutais », « j'éprouvais », « il me semblait que », « j'avais l'impression de »... toutes ces tournures montreront que vous menez une introspection, c'est-à-dire que vous portez un **regard sur vous-même** ;
– une évocation de vos **émotions** et de vos réflexions, en insistant sur ce qui les a déclenchées : « J'étais véritablement ému(e) parce que... » ; « C'était la première fois que... » ; « Je ressentais de la colère car... » ; « J'aurais aimé alors... »

### Méthode

*Pour vous aider, nous vous avons indiqué en couleur les parties de la rédaction qui répondent aux consignes.*

| Description | Narration à la première personne | Émotions |

Enfin ! J'y suis ! Je sors de la gare Saint Lazare et je foule enfin le macadam parisien si souvent rêvé. L'arrivée en train m'a semblé interminable : j'apercevais çà et là entre deux tours la silhouette fascinante de la tour Eiffel et les eaux de la Seine. Le train ralentissait mais ne s'arrêtait jamais, comme s'il se jouait de mon impatience. J'avais l'impression d'attendre un gâteau derrière la vitrine d'une pâtisserie.

Je fais quelques pas devant la gare, les gens savent où ils vont, ils ont le pas décidé et je cherche à les imiter, mais je dois m'arrêter pour m'orienter. Mon objectif est simple : la tour Eiffel ! Je lève les yeux pour me repérer… de hautes façades barrent mon regard. Les habitations me volent le ciel et m'empêchent de trouver ma direction. Un plan est affiché sur un grand panneau : je suis sauvé ! « Vous êtes ici » : Belle indication ! Un point rouge perdu au milieu d'un entrelac de lignes matérialisant des bus, des routes, des métros… Je suis ici. Un peu désemparé, je m'engage dans une rue que semblent suivre de nombreux piétons : le troupeau doit bien savoir où aller lui ! Sans m'en rendre compte, je descends dans le métro. L'odeur est particulière, des courants d'air semblent guider mes pas. Je suis le mouvement.

Après quelques déambulations hasardeuses, un wagon me happe. Je suis un peu sonné, mais quelques noms rassurants s'affichent bientôt sur les murs des stations de métro : Roosevelt – Iena – Trocadéro… À la faveur d'un mouvement de foule, je quitte la rame. Je parviens à remonter des escaliers et c'est un éblouissement : le soleil m'accueille en m'obligeant à plisser les yeux : j'ai retrouvé le ciel ! La foule est toujours aussi dense, mais semble moins pressée et agitée qu'à la sortie de la gare. Les gens se parlent, se sourient, les terrasses s'animent. Imperceptiblement, le flot humain avance vers une esplanade, il serait malvenu de contrarier le mouvement, et c'est finalement un sentiment agréable de se laisser porter par ses semblables : nous sommes tous comme animés du même désir.

Je m'arrête un instant pour savourer ce plaisir, cette agitation sans nervosité. Je ferme les yeux, prends une grande inspiration : je respire la ville, je respire Paris. Je rouvre lentement les yeux et elle est là, grande Dame, fidèle au rendez-vous, elle porte son ombre presque jusqu'à moi pour me guider : la tour Eiffel !

# 2ᵈᵉ ÉPREUVE

## Sujets 6 à 10 — Pondichéry, mai 2017

100 pts — 5 heures

**Sujet complet 2**

## HISTOIRE-GEOGRAPHIE-EMC – FRANÇAIS

### PARTIE 1
**Comprendre, analyser et interpréter** — 3 h 10 — 75 pts

#### PARTIE 1.1 • Histoire, Géographie, Enseignement moral et civique

**Exercice 1 : Analyser et comprendre des documents** — 45 min — 20 pts

### HISTOIRE

**Document — Les nouvelles aspirations de la jeunesse**

*Ce que n'est pas une vie normale*
Avoir 20 ans et vivre en potache[1].
Ne pas pouvoir recevoir son père ou son frère dans sa chambre mais dans un foyer totalement impersonnel.
Demander l'autorisation pour danser dans un foyer qui nous est réservé.
Vivre dans une ambiance malsaine parce que la société qui veille sur nous a peur des « abus » de la jeunesse.
Enregistrer bêtement et passivement la culture imposée.
Mener une vie misérable dans tous les sens du terme, faire un travail au noir pour payer ses études ou sa piaule[2].
Abandonner ses études après trois ans en cité[3] parce qu'on est incapable de les payer.

*Ce qu'est une vie normale*
Vivre libre et être responsable.
Être respecté au même titre que n'importe quel citoyen.
Avoir les mêmes droits et les mêmes responsabilités, que l'on soit un garçon ou une fille.

Faire de la cité³ un lieu d'animation culturelle et de création artistique qui soit le fait des étudiants.
Pouvoir arriver au terme de ses études sans être aidé financièrement par papa.
Pouvoir discuter sur un pied d'égalité avec l'administration et ne pas recevoir de bonbons pour nous faire plaisir.
Si vous contestez ou si vous approuvez la politique menée, manifestez-vous, exprimez-vous.
Réunion d'information […]
Au foyer F jeudi 8 février [1967] à 20 h 30.

> Tract de l'« Association des résidents de la Cité universitaire de Nanterre » rapporté par Emmanuelle Loyer, *Mai 68 dans le texte*, Bruxelles, Complexe, coll. « De source sûre », 2008.

---

1. *Potache* : collégien, lycéen (familier).
2. *Piaule* : chambre (familier).
3. *Cité universitaire* : résidence où sont logés des étudiants.

## Questions → *corrigé p. 52*

**1** Pourquoi peut-on dire que la jeunesse étudiante est confrontée à des difficultés financières selon les auteurs de ce texte ? **6 pts**

**2** Relevez dans le document deux éléments qui montrent que les jeunes aspirent à plus de liberté et deux éléments qui montrent qu'ils aspirent à plus d'égalité. **6 pts**

**3** Relevez la phrase du texte qui incite les jeunes à s'engager dans la vie politique. **4 pts**

**4** À l'aide de vos connaissances, indiquez deux exemples d'évolution qui ont répondu aux aspirations de la jeunesse depuis les années 1960. **4 pts**

### Exercice 2 : Maîtriser différents langages

## GÉOGRAPHIE → *corrigé p. 54*

**1** Rédigez un texte structuré d'une vingtaine de lignes montrant que la mondialisation transforme les espaces productifs français. Vous traiterez au choix : espaces productifs industriels OU espaces productifs agricoles OU espaces productifs touristiques OU espaces productifs d'affaires. Vous pouvez vous appuyer sur un exemple étudié en classe.

**2** En utilisant la légende, localisez et nommez sur la carte :
– un grand port maritime ;
– deux métropoles ;

– placez sur la carte la principale façade maritime française ouverte sur le monde et reportez le figuré choisi en légende.

**Territoire français et mondialisation : quelques aspects**

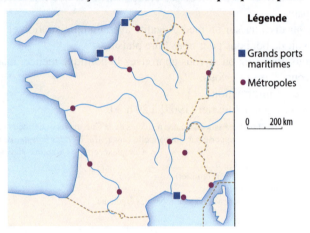

**Exercice 3 : Enseignement moral et civique**  30 min  **10 pts**

**Document 1** — **La composition de l'Assemblée nationale au soir des élections du 17 juin 2012.**

\* Le Palais Bourbon est le lieu où siège l'Assemblée nationale.

Infographie du journal *L'Est républicain*, 17 juin 2012 (www.estrepublicain.fr).

**Document 2** — Extrait de la Constitution de la V$^e$ République

**Article premier**
La France est une République indivisible, laïque, démocratique et sociale. Elle assure l'égalité devant la loi de tous les citoyens sans distinction d'origine, de race ou de religion. […]
La loi favorise l'égal accès des femmes et des hommes aux mandats électoraux et fonctions électives, ainsi qu'aux responsabilités professionnelles et sociales.

**Article 3**
La souveraineté nationale appartient au peuple qui l'exerce par ses représentants et par la voie du référendum. […]
Le suffrage peut être direct ou indirect dans les conditions prévues par la Constitution. Il est toujours universel, égal et secret.

**Article 4**
Les partis et groupements politiques concourent à l'expression du suffrage. Ils se forment et exercent leur activité librement. Ils doivent respecter les principes de la souveraineté nationale et de la démocratie.
La loi garantit les expressions pluralistes des opinions et la participation équitable des partis et groupements politiques à la vie démocratique de la Nation.

## Questions → *corrigé p. 56*

**1** Quel problème pose le taux de participation aux élections du 17 juin 2012 indiqué dans le document 1 ?

**2** À l'aide d'exemples du document 1, montrez que des opinions différentes s'expriment au sein de l'Assemblée nationale, comme le prévoit la Constitution (document 2).

**3** Que révèle le nombre de femmes élues (document 1) sur la représentation des femmes à l'Assemblée nationale et dans la vie politique ?

**4** À l'aide des documents et de vos connaissances, montrez que l'élection et la composition de l'Assemblée nationale mettent en œuvre les principes démocratiques de la République et indiquez ce qui pourrait être amélioré.

## PARTIE 1.2 • Français

### Document A — Texte littéraire

*Simone de Beauvoir vient d'avoir 20 ans : en s'installant à Paris, dans une pension tenue par sa grand-mère, elle obtient enfin la liberté dont elle avait tant rêvé pendant ses années d'études… Elle raconte cette installation au deuxième tome de son œuvre autobiographique.*

Ce qui me grisa lorsque je rentrai à Paris, en septembre 1929, ce fut d'abord ma liberté. J'y avais rêvé dès l'enfance, quand je jouais avec ma sœur à « la grande jeune fille ». Étudiante, j'ai dit avec quelle passion je l'appelai. Soudain, je l'avais ; à chacun de mes gestes, je
5 m'émerveillais de ma légèreté. Le matin, dès que j'ouvrais les yeux, je m'ébrouais, je jubilais. Aux environs de mes 12 ans, j'avais souffert de ne pas posséder à la maison un coin à moi. Lisant dans *Mon journal*[1] l'histoire d'une collégienne anglaise, j'avais contemplé avec nostalgie le chromo[2] qui représentait sa chambre : un pupitre, un divan,
10 des rayons couverts de livres ; entre ces murs aux couleurs vives, elle travaillait, lisait, buvait du thé, sans témoin : comme je l'enviai ! J'avais entrevu pour la première fois une existence plus favorisée que la mienne. Voilà qu'enfin moi aussi j'étais chez moi ! Ma grand-mère avait débarrassé son salon de tous ses fauteuils, guéridons, bibelots.
15 J'avais acheté des meubles en bois blanc que ma sœur m'avait aidée à badigeonner d'un vernis marron. J'avais une table, deux chaises, un grand coffre qui servait de siège et de fourre-tout, des rayons pour mettre mes livres, un divan assorti au papier orange dont j'avais fait tendre les murs. De mon balcon, au cinquième étage, je dominais les
20 platanes de la rue Denfert-Rochereau et le lion de Belfort. Je me chauffais avec un poêle à pétrole rouge et qui sentait très mauvais : il me semblait que cette odeur défendait ma solitude et je l'aimais. Quelle joie de pouvoir fermer ma porte et passer mes journées à l'abri de
25 tous les regards ! Je suis très longtemps restée indifférente au décor dans lequel je vivais ; à cause, peut-être, de l'image de *Mon journal* je préférais les chambres qui m'offraient un divan, des rayonnages ; mais je m'accommodais de n'importe quel réduit : il me suffisait encore de
30 pouvoir fermer ma porte pour me sentir comblée.

Je payais un loyer à ma grand-mère et elle me traitait avec autant de discrétion que ses autres pensionnaires ; personne ne contrôlait mes allées et venues. Je pouvais rentrer à l'aube ou lire au lit toute la nuit,
35 dormir en plein midi, rester claquemurée vingt-quatre heures de suite, descendre brusquement dans la rue. Je déjeunais d'un *bortsch* chez

Dominique[3], je dînais à la Coupole d'une tasse de chocolat. J'aimais le chocolat, le *bortsch*, les longues siestes et les nuits sans sommeil, mais j'aimais surtout mon caprice. Presque rien ne le contrariait. Je constatai joyeusement que le « sérieux de l'existence », dont les adultes m'avaient rebattu les oreilles, en vérité ne pesait pas lourd. Passer mes examens, ça n'avait pas été de la plaisanterie ; j'avais durement peiné, j'avais eu peur d'échouer, je butais contre des obstacles et je me fatiguais. Maintenant, nulle part je ne rencontrais de résistances, je me sentais en vacances, et pour toujours.

Simone de Beauvoir, *La Force de l'Âge*, Gallimard, 1960.

1. *Mon journal* : mensuel de l'époque, pour filles et garçons de cinq à dix ans.
2. *Chromo* : illustration en couleur.
3. *Dominique* : restaurant russe qui servait entre autres choses le *bortsch*, un potage traditionnel de l'Est.

**Document B** Image

Vittorio Matteo Corcos, *Rêves*, 1896.

## Questions → *corrigé p. 58*  **20 pts**

### Sur le texte littéraire (document A)

**1** Lignes 1 à 6 : relevez trois mots qui illustrent le sentiment dominant de ce passage. Quelle en est la cause ? **2 pts**

**2** « J'aimais le chocolat, le *bortsch*, les longues siestes et les nuits sans sommeil, mais j'aimais surtout mon caprice. » (lignes 37-39)
Quels sont les goûts évoqués par la narratrice dans cette phrase ? Lequel est mis en avant et comment ? **3 pts**

**3** « j'y avais rêvé dès l'enfance » (ligne 2) Dans cette proposition, à quel temps le verbe est-il conjugué ? Expliquez son emploi. **2 pts**

**4** « j'avais durement peiné, j'avais eu peur d'échouer, je butais contre des obstacles et je me fatiguais. Maintenant, nulle part je ne rencontrais de résistances, je me sentais en vacances, et pour toujours. » (lignes 42 à 45)
**a.** Quel est le rapport logique entre ces deux phrases ?
**b.** Transformez ces deux phrases en une phrase complexe contenant une proposition subordonnée. **2 pts**

**5** Que représente la nouvelle chambre dans la vie de la narratrice ? Vous développerez au moins deux idées. **4 pts**

**6** Quelle est la place de la lecture dans la liberté nouvelle de la narratrice ? Justifiez en citant le texte. **3 pts**

### Sur le texte littéraire et l'image (documents A et B)

**7** Décrivez l'attitude de la jeune femme dans ce tableau. Quelle image particulière de la lectrice introduit-il ? Cette vision rejoint-elle celle que propose le texte ? **4 pts**

## Réécriture → *corrigé p. 60*  **5 pts**

« Je suis très longtemps restée indifférente au décor dans lequel je vivais ; à cause, peut-être, de l'image de *Mon journal* je préférais les chambres qui m'offraient un divan, des rayonnages ; mais je m'accommodais de n'importe quel réduit. »
❯ Réécrivez ce passage en remplaçant la première personne du singulier (*je*) par la première personne du pluriel (*nous*) désignant la narratrice et sa sœur. Vous ferez toutes les modifications nécessaires.

**Pondichéry, mai 2017** — Sujets 6 à 10

## PARTIE 2
### Rédaction et maîtrise de la langue

1 h 50 — 25 pts

**Dictée** → *corrigé p. 60*  20 min — 5 pts

› Écoutez la dictée sur le site abcbrevet.com.

Consignes :
– On dictera le texte à haute voix à plusieurs reprises.
– On inscrira au tableau de manière lisible par l'ensemble des candidats le titre de l'œuvre, le nom de l'auteur et le nom : **Herbaud**.

**Travail d'écriture**  1 h 30 — 20 pts

*Vous traiterez au choix l'un des deux sujets suivants :*

### Sujet A → *corrigé p. 61*
› En quoi la lecture peut-elle être selon vous une source de liberté ?
Vous répondrez à cette question en envisageant notamment différentes pratiques ou différents supports de la lecture.
Votre rédaction sera d'une longueur minimale d'une soixantaine de lignes (300 mots environ).

### Sujet B → *corrigé p. 63*
› La narratrice rencontre sa grand-mère dans la pension : cette dernière exprime ses sentiments face à la liberté et au bonheur de sa petite-fille. Elle lui raconte ce qu'était sa vie au même âge.
Votre rédaction sera d'une longueur minimale d'une soixantaine de lignes (300 mots environ) et mêlera dialogue et narration.

# 2de ÉPREUVE

## Sujets 6 à 10 — Corrigé

### PARTIE 1

#### PARTIE 1.1 • Histoire, Géographie, EMC

**Exercice 1** → *énoncé p. 44*

> **Les clés pour réussir**
>
> ▶ **Bien lire le document**
> **Identifier sa nature**
> • Ce document est un texte tiré d'un tract pour une réunion d'information organisée par l'« Association des résidents de la Cité universitaire de Nanterre » en 1967. Ce tract a été publié dans un livre d'histoire intitulé *Mai 68 dans le texte* écrit par Emmanuelle Loyer en 2008. Un tract est un papier que l'on distribue pour informer ou mobiliser la population. C'est donc un témoignage direct des revendications étudiantes à la veille des **événements de Mai 68**. → Fiche 9
>
> **Repérer les éléments importants**
> • **La date et les auteurs**, même si cela ne vous est pas demandé dans les questions.
> • Les deux paragraphes qui correspondent à **ce que la jeunesse reproche** à la société (« ce que n'est pas une vie normale ») et à ce qu'elle voudrait pour que cela change (« ce qu'est une vie normale »).
> • Le fait que chaque ligne commence par un verbe à l'infinitif pour exprimer les **points de vue** des étudiants.
>
> ▶ **Bien comprendre les questions**
> **Question 1**
> • Vous devez relever dans le texte les extraits qui permettent de montrer que les étudiants ont des **difficultés financières**. Vous trouverez essentiellement des exemples dans la première partie du tract, même si vous pouvez en relever un dans la seconde partie. Ne vous contentez pas de relever ces extraits, mais essayez d'expliquer la situation de beaucoup de jeunes étudiants à cette époque. Attention de relever toutes les difficultés financières citées dans le texte car la question est sur 6 points.
>
> **Question 2**
> • Dans cette deuxième question, on attend de vous que vous releviez quatre éléments du texte : deux extraits du tract doivent montrer que les jeunes aspirent à plus de **liberté** et deux autres à plus **d'égalité**. Faites

bien la distinction entre les deux. On ne vous demande pas d'expliquer mais simplement de relever des extraits en citant le texte. Vous avez le choix entre de nombreux passages (on peut en trouver plus de quatre, mais limitez-vous à ce qui est demandé). N'oubliez pas les guillemets pour montrer que ce sont des citations.

### Question 3
● Comme pour la question précédente, on attend de vous que vous citiez une phrase du tract. Une seule phrase du texte correspond à la réponse attendue. Encore une fois, n'oubliez pas les guillemets.

### Question 4
● Pour répondre à cette question, vous avez besoin de connaissances personnelles qui permettent d'éclairer le document. Référez-vous à l'intitulé du chapitre indiqué au-dessus du document, mais aussi à la date du tract et à ses auteurs. En 1967, nous sommes à la veille des **événements de Mai 68**, qui débutent d'ailleurs à l'université de Nanterre. Lors de cette crise, les étudiants réclament plus de droits, notamment politiques, et se révoltent contre la société autoritaire de la V$^e$ République mise en place par le président de Gaulle. Ce tract de 1967 permet de voir que ces aspirations sont déjà présentes un an avant les événements.

● En classe, vous avez étudié les réponses politiques à ces aspirations à plus d'égalité et de liberté : vous devez citer deux exemples d'évolution entre les années 1960 et les années 1980.

## Les mots-clés

● **Aspirations** : volonté de changement pour atteindre un idéal ou une meilleure situation.
● **Travail au noir** : travail non déclaré, donc illégal et souvent mal payé.
● **Mai 68** : crise sociale et politique, ayant lieu en mai 1968. Elle débute par la révolte des étudiants contre une société qui ne les écoute pas et contre la société de consommation. Elle s'étend ensuite aux ouvriers qui déclenchent une grève générale pour réclamer de meilleures conditions de travail et de salaire.
● **Culture imposée** : désigne la culture des adultes, une culture « classique » qui s'oppose aux nouvelles formes de culture portées par la jeunesse, par exemple le rock.

**1** Selon les auteurs de ce tract, la jeunesse étudiante est « obligée de mener une vie misérable », « de faire un travail au noir pour payer ses études ou sa piaule » voire même « d'abandonner ses études après trois ans en cité parce qu'on est incapable

### L'astuce du prof
Ne vous contentez pas de citer le texte. Expliquez votre choix, en présentant la situation financière des jeunes étudiants à cette époque.

de les payer ». Tout cela montre que les jeunes, s'ils ne sont pas aidés financièrement par leurs parents, ont du mal à trouver un logement, même en cité universitaire, et à payer leurs études supérieures.

**2** En 1967, les jeunes réclament plus de liberté. Ils se plaignent de « demander l'autorisation pour danser dans un foyer qui [leur] est réservé. » Ils veulent aussi « faire de la cité un lieu d'animation culturelle et de création artistique qui soit le fait des étudiants. »
Ils aspirent également à plus d'égalité. Ils veulent « avoir les mêmes droits et les mêmes responsabilités, que l'on soit un garçon ou une fille » et « pouvoir discuter sur un pied d'égalité avec l'administration ».

**3** La phrase qui incite les jeunes à s'engager dans la vie politique est celle qui termine le tract : « Si vous contestez ou si vous approuvez la politique menée, manifestez-vous, exprimez-vous. »

**4** En mai 1968, la jeunesse descend dans la rue pour faire entendre ses revendications. La génération du « baby-boom » ne veut plus de la société patriarcale sous l'autorité du général de Gaulle. Peu à peu, leurs revendications sont entendues : en 1974, la majorité passe de 21 à 18 ans donnant aux jeunes plus de responsabilités, notamment politiques. La même année, la loi Veil légalise l'avortement, répondant ainsi aux aspirations de la jeunesse, et surtout des femmes, à plus de liberté et d'égalité.

> **Gagnez des points !**
> Situez le contexte dans lequel ce tract a été écrit, un an avant Mai 68.

## Exercice 2 → *énoncé p. 45*

### Les clés pour réussir

▶ **Bien comprendre les consignes**

**Consigne 1**

● La consigne vous demande de **montrer**, c'est-à-dire d'expliquer à l'aide de vos connaissances, que la **mondialisation transforme les espaces productifs français**.

● Vous devez rédiger un texte **structuré**, c'est-à-dire **un développement construit**. Votre texte doit donc comporter une introduction, plusieurs parties et une conclusion. Rédigez un brouillon dans lequel vous organisez vos connaissances et vos exemples, sans nécessairement rédiger.

● Attention de bien lire le sujet car on vous demande de choisir **un seul type d'espace productif** : SOIT un espace industriel, SOIT un espace agricole, SOIT un espace touristique, SOIT un espace d'affaires. Vous avez donc le choix, mais vous ne devez pas mélanger ces différents types d'espaces productifs. Nous avons choisi dans ce corrigé de traiter des espaces industriels, car ils sont profondément transformés par la mondialisation.

**Pondichéry, mai 2017** — Corrigés 6 à 10

● Appuyez-vous sur un exemple traité en cours. On attend de vous que vous citiez au moins un espace précis, lié à une activité économique que vous devez décrire. → Fiche 11

**Consigne 2**
● Respectez bien les consignes de l'énoncé. Ne nommez pas toutes les métropoles et les grands ports maritimes (ou ZIP) présents sur la carte, mais **limitez-vous à un port, deux métropoles et la principale façade maritime**.
● Attention de bien choisir votre figuré pour la principale façade maritime. Il doit la localiser et montrer en même temps qu'elle est ouverte sur le monde (fonction d'interface). Le figuré doit bien sûr être identique dans la légende et sur la carte.

**Les mots-clés**

Espace productif ● Mondialisation ● Métropole ● Technopôles ● Aire urbaine ● ZIP ● LGV ● Innovation ● Pôle de compétitivité ● Délocalisation ● Désindustrialisation

**1** En France, la mondialisation transforme profondément les espaces productifs. Comment le voit-on pour les espaces productifs industriels ?

De nombreux espaces productifs industriels profitent des dynamiques de la mondialisation. Ces espaces productifs industriels sont situés dans les grandes métropoles. Ils bénéficient d'une main-d'œuvre nombreuse, très qualifiée qui leur permet d'innover sans cesse et d'être ainsi compétitifs à l'échelle mondiale. De plus, de nombreux technopôles sont créés au sein des principales aires urbaines pour soutenir cette innovation. Enfin, les espaces industriels les plus productifs sont ceux qui sont bien reliés au reste du territoire national, à l'Europe et au monde par des réseaux de transports et de communications performants : aéroports internationaux, autoroutes, LGV ou encore zones industrialo-portuaires (ZIP). Ainsi l'entreprise aéronautique Airbus est installée dans la métropole toulousaine, un espace qui bénéficie d'un aéroport, de plusieurs autoroutes et d'un accès à l'océan Atlantique par l'estuaire de la Gironde. On y trouve aussi des pôles de compétitivité associant des écoles, des centres de recherche et des entreprises pour développer l'innovation dans les domaines aéronautique et aérospatial.

**Gagnez des points !**
Posez la problématique du sujet sous forme de question. N'oubliez pas de bien indiquer quel type d'espace productif vous avez choisi.

**Gagnez des points !**
Placez dans votre texte le vocabulaire précis appris en cours qui montre au correcteur que vous maîtrisez les notions étudiées dans ce chapitre.

# 2ᵈᵉ ÉPREUVE

Toulouse est ainsi devenu un espace industriel compétitif à l'échelle mondiale.

À l'inverse, d'autres espaces productifs industriels se retrouvent peu à peu à l'écart, moins intégrés dans les dynamiques de la mondialisation. Ainsi, les anciens espaces productifs du textile et de la sidérurgie dans le Nord-Est de la France sont en crise, car ces activités ont été délocalisées dans des pays en développement. Cela entraîne la désindustrialisation de ces espaces. Le taux de chômage y est très important ; ils doivent se reconvertir et trouver de nouvelles activités productives.

La mondialisation a donc transformé les espaces industriels français en concentrant les activités dans les grandes métropoles du territoire et sur la façade Ouest du pays.

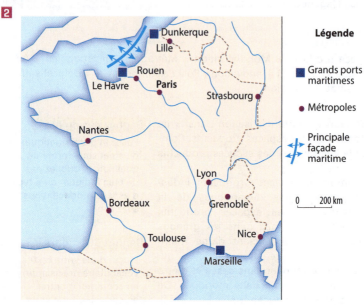

**Exercice 3** → *énoncé p. 46*

## Les clés pour réussir

### ▶ Bien comprendre les consignes

**Consigne 1**

● Pour répondre à cette question, vous devez bien observer le document 1 et **prélever le chiffre du taux de participation**. Pourtant, vous ne pouvez pas vous contenter de cette information. Vous devez **en déduire le problème posé par ce chiffre**.

**Pondichéry, mai 2017** — Corrigés 6 à 10

### Consigne 2
- Dans cette question, vous devez faire le lien entre l'article 4 de la Constitution et la composition de l'Assemblée nationale en 2012. Pour cela, vous devez maîtriser la notion de **pluralisme politique**.

### Consigne 3
- Vous devez, là encore, ne pas vous contenter de prélever l'information dans le document 1, mais interpréter ce chiffre grâce à vos connaissances. Le document 2 vous rappelle, une nouvelle fois, le principe énoncé par la Constitution et qui devrait être respecté.
- Vous pouvez aussi vous appuyer sur la progression du chiffre pour montrer l'évolution depuis les élections précédentes.

### Consigne 4
- Pour cette question, vous devez rédiger un petit paragraphe qui reprend les informations des questions 1 à 3, auxquelles vous devez impérativement rajouter des connaissances personnelles. **Le plan de ce paragraphe vous est donné par l'énoncé** : vous devez d'abord aborder les principes démocratiques de notre République respectés lors de cette élection ; puis indiquer dans un second temps ce qui pourrait être encore amélioré.

### Les mots-clés
Principes démocratiques • Assemblée nationale • Élections législatives • Partis politiques • Pluralisme • Abstention • Parité • Suffrage universel • Souveraineté nationale • Constitution • Députés

**1** Lors des élections législatives du 17 juin 2012, le taux de participation a été de 57 %. Cela signifie que 43 % des électeurs se sont abstenus. Cela pose un problème de représentativité des personnes élues, car cette abstention est très forte.

**2** La Constitution de la Vᵉ République garantit, dans son article 4, « les expressions pluralistes des opinions et la participation équitable des partis et groupements politiques à la vie démocratique de la Nation ». Cela se reflète dans la composition de l'Assemblée nationale élue en 2012 : sept partis ou mouvements politiques sont représentés à l'Assemblée. Ces partis vont de l'extrême gauche (Front de gauche) à l'extrême droite (Front national). Les deux grands partis politiques de la Vᵉ République (le Parti socialiste à gauche et l'UMP à droite) sont les partis qui regroupent le plus d'élus. Le PS est alors le parti majoritaire.

> **Gagnez des points !**
> Montrez que vous connaissez l'éventail des principaux partis politiques français, de gauche et de droite.

**3** Sur les 577 députés élus en 2012, seuls 151 sont des femmes, ce qui représente moins d'un quart. Les femmes sont donc très minoritaires. Pourtant, elles étaient encore moins nombreuses auparavant, puisqu'il est dit que c'est un chiffre record. Malgré l'article 1er de la Constitution qui

> **Gagnez des points !**
> Parlez de l'évolution de la représentation des femmes à l'Assemblée en expliquant le terme « chiffre record ».

« favorise l'égal accès des femmes et des hommes aux mandats électoraux et fonctions électives », on peut dire que la représentation des femmes à l'Assemblée et dans la vie politique en général est insuffisante, même si on constate des progrès.

**4** Dans la Ve République, les principes démocratiques sont énoncés dans la Constitution. Les élections, notamment les élections législatives qui ont lieu tous les cinq ans pour élire les députés à l'Assemblée nationale, mettent en œuvre ces principes.

> **L'astuce du prof**
> Suivez bien le plan donné par l'énoncé.

Ces élections se font au suffrage universel, égal et secret (article 3). Ainsi, la souveraineté nationale appartient au peuple qui l'exerce en élisant ses représentants à l'Assemblée nationale. Les députés sont chargés de voter les lois.

À l'Assemblée nationale, les différents partis politiques reflètent la pluralité des opinions des Français, de gauche comme de droite, ainsi que le prévoit l'article 4 de la Constitution.

Pourtant certains principes démocratiques de notre République peuvent encore être mieux respectés. Quand l'abstention est très forte, la représentativité des candidats élus est fragile. Trop de Français ne se sont pas exprimés et leurs opinions ne sont alors pas représentées. De plus, alors que l'article 1er de la Constitution prévoit un « égal accès des femmes et des hommes aux mandats électoraux », le nombre de femmes députées est encore très inférieur au nombre d'hommes. La parité n'existe toujours pas réellement.

## PARTIE 1.2 • Français

**Questions** → *énoncé p. 50*

> **Les clés pour réussir**
>
> **3** Les **temps composés** indiquent souvent une **antériorité** par rapport aux temps simples.
>
> **4 a.** Les liens logiques les plus fréquents sont la cause, la conséquence, l'opposition et le but. Attention, ici deux réponses sont possibles, mais vous ne devez en proposer qu'une seule.
>
> **b.** Attention à bien utiliser une conjonction de subordination (et non de coordination).

**Pondichéry, mai 2017** — Corrigés 6 à 10

> **5** Cette question demande à être développée : appuyez-vous sur le texte (que vous citerez) en repérant les différents passages où elle parle de sa chambre.
>
> **7** Cette question est divisée en trois parties : il faut d'abord décrire, puis interpréter et enfin faire un lien avec le texte. Pensez à regarder le titre de l'œuvre pour orienter votre compréhension du tableau. N'oubliez pas de citer le texte.

**1** Le sentiment dominant dans ce passage est la joie, comme le montrent les verbes « me grisa » (l. 1), « je m'émerveillais » (l. 5) et je « jubilais » (l. 6). Cette joie est causée par la liberté qu'elle vient de découvrir : « ma liberté » (l. 2).

**2** La narratrice parle ici de ses petits plaisirs culinaires « le chocolat » et « le *bortsch* » qui semblent constituer l'essentiel de ses repas, et de son goût pour une vie sans contraintes imposées, à l'inverse des comportements habituels des personnes actives : « longues siestes et nuits sans sommeil ». L'expression « mon caprice » qui résume tout cela, est mise en avant en étant rejetée en fin de phrase, après l'énumération des plaisirs et grâce à la répétition du verbe « j'aimais » renforcé par l'adverbe « surtout ».

**3** Le verbe « rêver » est conjugué au plus-que-parfait de l'indicatif. Ce temps exprime ici l'antériorité par rapport à la phrase précédente : ce rêve de liberté est arrivé bien avant ses 20 ans : « dès l'enfance ».

**4 a.** Le rapport logique entre ces deux phrases est l'opposition.

**b.** « [...] j'avais durement peiné, j'avais eu peur d'échouer, je butais contre des obstacles et je me fatiguais alors que maintenant, nulle part je ne rencontrais de résistances, je me sentais en vacances, et pour toujours. » La conjonction de subordination « alors que » permet d'exprimer l'opposition. Un rapport logique de conséquence pourrait aussi être sous-entendu avec la conjonction « si bien que ».

**5** La nouvelle chambre représente pour la narratrice la réalisation d'un rêve d'enfant, celui de la liberté : « ma liberté. J'y avais rêvé dès l'enfance » (l. 2). Elle symbolise aussi l'indépendance et l'émancipation : « Voilà qu'enfin j'étais chez moi ! » (l. 13). Enfin, la narratrice éprouve un sentiment de protection et de plénitude dans la solitude de sa chambre, en compagnie de ses livres : « à l'abri de tous les regards » (l. 24), « fermer ma porte pour me sentir comblée » (l. 30).

**6** La lecture est la motivation principale de la narratrice dans sa quête de liberté, elle souhaite s'entourer de livres « des rayons pour mettre mes livres » (l. 17), le reste du mobilier compte peu. Son objectif est de pouvoir lire sans contraintes : « lire au lit toute la nuit » (l. 34), ce qui représente pour elle l'accomplissement de ce dont elle avait rêvé déjà grâce à la lecture : « Lisant [...] *Mon journal* » (l. 7)

**7** Ce tableau de la fin du XIXᵉ siècle représente une jeune femme assise seule sur un banc public, elle a posé ses livres, son chapeau et son ombrelle à côté d'elle. Les jambes croisées et le menton appuyé sur sa main gauche, elle rêve en regardant dans le vague vers le spectateur. Cette lectrice est présentée comme solitaire et ne cherchant pas de compagnie : elle occupe tout l'espace avec ses livres et semble comme dans le texte « défendre sa solitude » (l. 22). On retrouve le plaisir que la narratrice exprime à la fin de l'extrait : « [...] je me sentais en vacances, et pour toujours. » (l. 45).

## Réécriture → *énoncé p. 50*

### Les clés pour réussir

- **On vous demande** de passer du singulier au pluriel en restant au féminin (la narratrice et sa sœur).
- **Vous devez modifier :**
– les pronoms personnels (sujets, réfléchis) ;
– l'accord d'un participe passé et d'un adjectif ;
– la conjugaison des verbes.

« **Nous sommes** très longtemps **restées indifférentes** au décor dans lequel **nous vivions** ; à cause, peut-être, de l'image de *Mon journal* **nous préférions** les chambres qui **nous offraient** un divan, des rayonnages ; mais **nous nous accommodions** de n'importe quel réduit. »

## PARTIE 2

## Dictée → *énoncé p. 51*

### Les clés pour réussir

▶ **Bien conjuguer**
- Le **passé simple** du verbe avoir : eus/eus/eut/eûmes/eûtes/eurent.
- L'**imparfait** a des terminaisons très régulières : -ais/-ais/-ait/-ions/-iez/-aient.

▶ **Bien accorder**
- Tel(s)/telle(s) est un adjectif, il s'accorde toujours avec un nom.

▶ **Ne pas confondre**
- « ce » et « se » → « ce » est un pronom démonstratif, « se » est un pronom personnel réfléchi, on ne le trouve que devant un verbe pronominal (ex. : se reposer).

**Pondichéry, mai 2017** — Corrigés 6 à 10

2ᵈᵉ ÉPREUVE

> **Bien orthographier**
> • Le trait d'union sert à unir deux mots qui forment un mot composé, ou à relier le pronom au verbe lorsqu'il est placé après lui (ex. « pensais-je », « dis-tu »…)

> **Les mots difficiles**
> • **Exalter** signifie élever très haut.
> • **Gaieté** peut s'écrire de trois manières différentes : « gaieté » / « gaîté » / « gaité », mais attention, il n'y a jamais de « e » à la fin.

Voilà pourquoi en rencontrant Herbaud j'eus l'impression de me trouver moi-même : il m'indiquait mon avenir. Ce n'était ni un bien-pensant, ni un rat de bibliothèque, ni un pilier de bar ; il prouvait par son exemple qu'on peut se bâtir, en dehors des vieux cadres, une vie orgueilleuse, joyeuse et réfléchie : telle exactement que je la souhaitais.

Cette fraîche amitié exaltait les gaietés du printemps. Un seul printemps dans l'année, me disais-je, et dans la vie une seule jeunesse : il ne faut rien laisser perdre des printemps de ma jeunesse.

Simone de Beauvoir, *Mémoires d'une jeune fille rangée*, Gallimard 1958.

## Travail d'écriture – Sujet A → *énoncé p. 51*

> **Les clés pour réussir**
>
> ▶ **L'introduction**
> • **Introduisez le sujet** : vous pouvez faire référence au texte étudié qui évoque le plaisir de la narratrice pour la liberté de lire : « lire au lit toute la nuit ».
> • **Présentez le sujet** : reprenez la question posée par le sujet.
> • **Annoncez clairement votre plan**.
>
> ▶ **Le développement**
> • La question posée appelle un développement en plusieurs parties qui énumèrent les raisons pour lesquelles la lecture peut être une source de liberté. Les raisons peuvent être :
> – l'apport de connaissances ;
> – le temps libre ;
> – l'évasion du monde réel…
> • Dans chaque partie vous sélectionnerez un exemple pertinent et précis en ayant soin de les varier comme vous le demande le sujet : « différentes pratiques ou différents supports de la lecture ».

## 2ᵈᵉ ÉPREUVE

> **La conclusion**
> - **Résumez en d'autres termes** votre argumentation en précisant votre avis.
> - Terminez avec une **phrase d'ouverture**, en proposant par exemple une autre question sur la place de la lecture aujourd'hui.

> **Méthode**
>
> *Pour vous aider, nous vous avons indiqué en couleur les parties de la rédaction qui répondent aux consignes.*
>
> Indicateurs logiques    Arguments    ⋮ Exemples

Simone de Beauvoir insiste dans son texte sur le sentiment de liberté qu'elle éprouve en ayant la possibilité de « lire au lit toute la nuit ». Liberté et lecture sont ici associées, et l'on peut se demander dans quelle mesure la lecture peut être une source de liberté. Nous proposerons trois raisons principales en nous appuyant sur des exemples précis.

Avant tout, la lecture est une source de liberté car elle nous donne accès à la connaissance et exerce notre esprit critique. Qu'il s'agisse de la lecture d'un journal, d'un ouvrage documentaire ou d'un essai, la maîtrise de la lecture nous permet de mieux appréhender le monde qui nous entoure. Ainsi, en lisant quotidiennement *L'Actu*, que ce soit en version numérique ou papier, nous nous tenons informés sur l'actualité et nous en comprenons mieux les enjeux qu'avec les informations télévisuelles car nous pouvons prendre le temps nécessaire à la réflexion sans être focalisés sur les images.

De plus, la lecture est un divertissement qui permet de se libérer du quotidien, de l'ennui ou de ses problèmes de façon simple et accessible pour tout le monde. La variété des écrits (romans, BD, poèmes…) offre en effet à chacun la possibilité de trouver du plaisir dans ce loisir. Par exemple, les romans publiés en format de poche, peuvent nous accompagner partout, c'est le cas du *Tour du monde en 80 jours* de Jules Verne où l'on est emporté avec le héros dans des aventures extraordinaires.

Enfin, la lecture nous libère en élargissant notre horizon, en nous faisant découvrir d'autres univers, réels ou imaginaires. Dès que l'on entre dans un livre, on change notre regard sur le monde en envisageant la manière de penser ou de voir de quelqu'un d'autre. Ainsi, la lecture d'un roman de science-fiction comme *Ravages* de Barjavel libère notre façon de voir en remettant en question l'usage intensif des technologies.

Pour conclure, l'acte de lire, qu'il soit entrepris pour s'informer, se divertir ou pour découvrir les autres est bien un acte libérateur car il ouvre toujours notre esprit et développe notre réflexion. On pourrait alors s'interroger aujourd'hui sur les raisons pour lesquelles, la lecture n'est pas toujours un loisir populaire chez les adolescents.

## Travail d'écriture – Sujet B → *énoncé p. 51*

### Les clés pour réussir

▶ **La situation de communication**
- Il faut prendre en compte le texte initial, c'est la narratrice qui fait le récit de sa rencontre avec sa grand-mère, vous devez donc respecter le statut du narrateur (**première personne, jeune femme**).
- Vous pouvez reprendre des éléments du texte de départ pour conduire votre narration.
- Pensez à intégrer le vocabulaire des **sentiments** lorsque la grand-mère s'exprime.

▶ **La présentation du dialogue**
- Après la dernière phrase du récit il faut : mettre **deux points** ( :), **aller à la ligne**, **ouvrir des guillemets** («) et **mettre un tiret** (–). Ensuite, à chaque fois que quelqu'un intervient dans le dialogue, vous devez aller à la ligne, et mettre un tiret. Les guillemets ne seront fermés qu'à la fin du dialogue.
- Pensez à varier les verbes introducteurs : s'exclamer, demander, répondre, chuchoter, murmurer…

### Méthode
*Pour vous aider, nous vous avons indiqué en couleur les parties de la rédaction qui répondent aux consignes.*

Narration   Dialogue   Éléments du texte initial   Sentiments

Un souvenir de cette période me revient en mémoire. C'était au printemps 1930, je me souviens que l'hiver m'avait semblé long et que je goûtais avec bonheur les premiers rayons de soleil de l'année, tout semblait renaître. De mon balcon, j'entendais les oiseaux qui reprenaient possession des platanes désertés pendant l'hiver. Une fin d'après-midi, je rentrais « chez moi » fière et légère car j'avais pris la décision de me faire couper les cheveux courts, suivant la mode « garçonne » qui émergeait alors à Paris. Je croisais ma grand-mère en entrant dans la pension, je crois que je n'oublierai jamais son regard : il s'y mêlait de la surprise et de l'admiration.

« Que t'est-il arrivé ?, demanda-t-elle étonnée.

– Je me suis fait couper les cheveux, tu n'aimes pas ? répondis-je avec un grand sourire.

– Si... bien sûr, mais je ne m'y attendais pas, je n'aurais jamais osé une telle coupe... »

Je sentis qu'elle se replongeait quelques années en arrière et j'eus envie d'en savoir plus :

« – Pourquoi ? Toi aussi tu es libre, tu peux te coiffer comme bon te semble !

– Les choses ne sont pas si simples Simone, aujourd'hui tu suis des études, tu es libre et indépendante, tu peux faire les choix que tu veux, mais dans ma jeunesse, ce n'était pas la même chose.

– Pourquoi ? Je ne comprends pas.

– Eh bien, les mentalités n'étaient pas aussi ouvertes : on considérait, encore plus qu'aujourd'hui, qu'une femme ne devait rien entreprendre sans la permission de son mari. Moi, j'avais de la chance, ton grand-père n'était pas un tyran, mais il y avait le regard des autres : et se couper les cheveux ainsi ou suivre des études nous aurait complètement isolés du reste du monde ! Sais-tu par exemple, que je n'ai pu passer mon permis de conduire qu'après la mort de mon mari ? Heureusement, les mentalités semblent commencer à changer, j'ai même vu la semaine dernière, des femmes qui manifestaient pour que l'on ait le droit de voter ! J'espère que tu connaîtras cela, j'en serais heureuse... et pour tout dire un peu envieuse ! », conclut-elle en me prenant dans ses bras.

Je regagnais ma chambre pensive et un peu plus consciente encore de mon bonheur. En ouvrant la fenêtre j'eus le sentiment qu'une nouvelle ère commençait et qu'il me fallait y participer pleinement « Mamie, un jour nous irons voter ensemble ! », m'exclamai-je seule dans ma chambre... et j'entendis un petit rire complice derrière la porte.

# Sujets par matière

| | |
|---|---|
| **SUJETS D'HISTOIRE** | 66 |
| **SUJETS DE GÉOGRAPHIE** | 121 |
| **SUJETS D'ENSEIGNEMENT MORAL ET CIVIQUE** | 159 |

# HISTOIRE — L'Europe, un théâtre majeur des guerres totales (1914-1945)

## Sujet 11 — Civils et militaires pendant la Première Guerre mondiale

Liban, juin 2017

**Exercice 2 — Maîtriser différents langages** — 20 pts

**1** Rédigez un développement construit d'environ vingt lignes décrivant les violences subies par les combattants et les civils au cours de la Première Guerre mondiale. Vous pouvez vous appuyer sur les exemples vus en classe.

**2** Sur la frise chronologique :
- nommez la période représentée en grisé ;
- indiquez l'année de chaque événement dans sa vignette ;
- reportez précisément le numéro des vignettes.

① Indépendance de l'Algérie
. . . . . . . . . . . . .

② Création de l'ONU
. . . . . . . . . . . . .

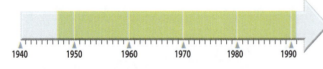

1940   1950   1960   1970   1980   1990

③ Traité de Rome
. . . . . . . . . . . . .

④ Chute du mur de Berlin
. . . . . . . . . . . . .

# Civils et militaires pendant la Première Guerre mondiale — Corrigé 11

## Sujet 11 — Corrigé

### Les clés pour réussir

**Bien comprendre les consignes**

**Consigne 1**

- La consigne vous demande de décrire les violences subies par les combattants et les civils dans un développement construit d'une vingtaine de lignes. Il vous faut être **méthodique** et réussir à organiser vos connaissances pour les présenter de manière structurée et cohérente. Faites un brouillon avant de vous mettre à rédiger votre copie. Le sujet vous invite à **commencer votre description par les violences subies par les combattants, puis par celles subies par les civils**. Il faut donc organiser votre paragraphe en **deux parties** distinctes. N'oubliez pas de toujours dater et localiser votre description et de vous appuyer sur le vocabulaire historique propre au chapitre. ➜ Fiche 3

**Consigne 2**

- Complétez la frise chronologique en suivant bien les consignes.
- La période représentée en grisé doit être nommée dans la frise ; les années de chaque événement dans les quatre vignettes ; et les numéros de ces vignettes doivent être reportés précisément sur la frise. Pour cette dernière consigne, **vous pouvez utiliser des flèches** pour être très précis sur les années correspondant à chaque événement. Remarquez bien que, sur la frise, **chaque graduation correspond à une année**.

### Les mots-clés

Armement industriel • Obus • Gaz toxiques • Mobilisation • Tranchées • Guerre d'usure • Mutilés • Poilus • Bombardements • Pénuries • Génocide • Guerre totale • Veuves et orphelins

**1** La Première Guerre mondiale, qui se déroule de 1914 à 1918, voit se développer des violences inconnues jusqu'alors. Comment les combattants et les civils ont-ils subi ces violences ?

Ce sont d'abord les combattants qui subissent des violences extrêmes sur les champs de bataille. L'industrialisation des sociétés européennes en 1914 permet la mise au point de nouvelles armes meurtrières : les gaz toxiques, les mitrailleuses et les obus. Pour s'en protéger, les combattants, tous des citoyens mobilisés dans les pays en guerre, creusent des

**L'astuce du prof**

Organisez votre paragraphe en deux parties. Essayez d'écrire une ou deux phrases d'introduction qui situent rapidement le contexte et qui posent le sujet sous forme de question.

# HISTOIRE — L'Europe, un théâtre majeur des guerres totales (1914-1945)

abris et des tranchées. C'est une guerre d'usure où il s'agit d'empêcher l'ennemi d'avancer. Dans ces tranchées, les violences subies sont extrêmes, car les soldats sont sommés de lancer quotidiennement des assauts lors desquels ils reçoivent des pluies d'obus qui les tuent ou les mutilent en masse.

> **Gagnez des points !**
> Les conditions de vie des soldats témoignent aussi de la violence de la guerre. N'oubliez pas de les décrire.

C'est le cas lors des grandes batailles comme celle de Verdun en 1916 qui fait environ un million de victimes françaises et allemandes. De plus, les conditions de vie des soldats dans les tranchées sont très difficiles. Ils souffrent de la faim, du froid, de la fatigue et d'un grand manque d'hygiène. C'est pourquoi, en France, la population surnomme ses combattants les « Poilus ». Les soldats survivants reviennent traumatisés physiquement moralement de la « Grande Guerre ».

Les civils sont aussi la cible de violences extrêmes. Quand ils sont proches de ligne de front, ils subissent, comme les soldats, des bombardements massifs qui n'épargnent rien : villes, hôpitaux et villages sont touchés, parfois complètement rasés, surtout dans le Nord-Est de la France. Dans les zones occupées, les violences touchent aussi les populations civiles, victimes de confiscations, de viols et de déplacements forcés. Sur tous les territoires en guerre, les pénuries alimentaires rendent la vie des civils très pénible. Dans l'Empire ottoman, dans un contexte de guerre totale, une forme de violence extrême touche la population arménienne à partir de 1915. Le gouvernement ottoman subit de lourdes défaites contre l'Empire russe. Il accuse alors les Arméniens de l'Empire d'avoir trahi. Cela lui fournit un prétexte pour éliminer cette population et commettre un génocide : les soldats sont fusillés et les civils sont déportés dans le désert où la plupart meurent de soif et de fatigue. Plus d'un million d'Arméniens sont victimes de ce génocide.

> **Gagnez des points !**
> N'oubliez pas le génocide arménien qui est la violence la plus extrême subie par des civils pendant cette guerre.

Les violences extrêmes de la Première Guerre mondiale ont provoqué la mort d'environ dix millions de personnes, combattants et civils. Des millions de soldats sont mutilés et traumatisés. La guerre laisse des millions de veuves et d'orphelins dans une Europe meurtrie.

**Civils et militaires pendant la Première Guerre mondiale** Corrigé 11

2

①
Indépendance de l'Algérie
**1962**

②
Création de l'ONU
**1945**

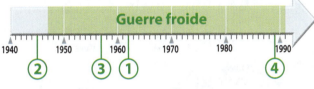

③
Traité de Rome
**1957**

④
Chute du mur de Berlin
**1989**

HISTOIRE

# HISTOIRE — L'Europe, un théâtre majeur des guerres totales (1914-1945)

## Sujet 12 — L'État totalitaire nazi

**Sujet inédit**

**Exercice 2** **Maîtriser différents langages**  20 pts

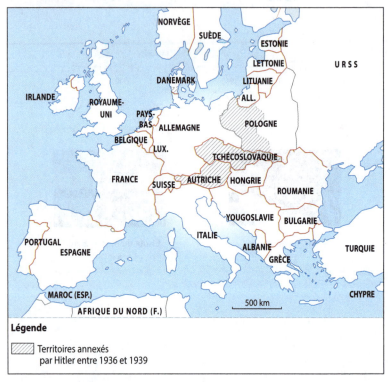

**Légende**

▨ Territoires annexés par Hitler entre 1936 et 1939

**1** Sous la forme d'un développement construit d'une vingtaine de lignes, décrivez l'État totalitaire nazi mis en place par Adolf Hitler en Allemagne dans les années 1930.

**2** Sur le fond de carte ci-après :
**a.** Choisissez une couleur pour localiser deux pays qui sont des démocraties en Europe, dans les années 1930.
**b.** Choisissez une couleur pour placer deux pays qui sont des États totalitaires ou autoritaires en Europe, dans les années 1930.

**Démocraties fragilisées et expériences totalitaires dans l'Europe** | Corrigé 12

**c.** Montrez par des flèches sur la carte que l'Allemagne nazie procède à différentes annexions entre 1936 et 1939 en Europe.
**d.** Choisissez un figuré ponctuel pour placer l'Allemagne nazie et ses alliés en Europe avant le déclenchement de la Seconde Guerre mondiale.
**e.** Construisez une légende.

## Sujet 12 Corrigé

### Les clés pour réussir

**▶ Bien comprendre les consignes**

**Consigne 1**
● La consigne vous demande de connaître les caractéristiques d'une description en histoire pour rédiger un développement d'une vingtaine de lignes. Il faut donc être méthodique et réussir à organiser vos connaissances pour les présenter de manière structurée et cohérente.
● La description de l'État totalitaire nazi doit commencer par sa mise en place avec les repères historiques puis se poursuivre avec l'explication des différents moyens par lesquels Hitler entend contrôler totalement l'Allemagne et sa population. → Fiche 4

**Consigne 2**
● Plusieurs tâches cartographiques simples vous sont demandées pour compléter la carte comme poser des aplats de couleurs, des figurés linéaires ou ponctuels, pour représenter des connaissances historiques.
● Portez une attention particulière à la construction de la légende qui doit être une synthèse de toutes les informations placées sur la carte.

### Les mots-clés

Hitler ● Parti nazi ● Parti unique ● Dictature ● Pleins pouvoirs ● Régime totalitaire ● Reichstag ● Führer ● Culte du chef ● Propagande ● Embrigadement ● Jeunesses hitlériennes ● Terreur ● Gestapo ● Camp de concentration → lexique

**1** En 1933 en Allemagne, le parti nazi remporte les élections législatives et Hitler devient chancelier. En 1934, à la mort du président de la république Hindenburg, Hitler a les pleins pouvoirs. Il peut supprimer la démocratie. Il fait incendier le Reichstag et accuse les communistes. Cela lui permet d'interdire ce parti puis tous les autres : le parti nazi est le seul autorisé. Toutes les libertés individuelles sont supprimées et l'Allemagne devient une dictature dirigée par un seul chef : un « Führer ».

**L'astuce du prof**
Organisez par thème votre développement pour décrire l'État nazi : dictature, propagande, terreur... Pensez à faire un brouillon.

HISTOIRE

# HISTOIRE — L'Europe, un théâtre majeur des guerres totales (1914-1945)

Toute la société est encadrée et doit participer au nouveau régime totalitaire. La propagande met en avant le culte du chef et on salue en disant « Heil Hitler ». Les jeunes sont embrigadés dans les Jeunesses hitlériennes et le régime organise sans cesse de grands rassemblements destinés à mobiliser la nation allemande. La propagande est aussi incessante dans la presse, à la radio et au cinéma.

Le régime s'appuie aussi sur la terreur : la police politique, la Gestapo et la SS surveillent la population et traquent les ennemis. Dès 1933, les opposants sont enfermés dans des camps de concentration comme Dachau.

**Gagnez des points !**
Votre description doit s'appuyer sur le vocabulaire appris en cours.

**2 Gagnez des points !**
Présentez une légende organisée :
1. Une Europe entre démocraties et expériences totalitaires (pays démocratiques et États totalitaires)
2. L'Europe sous la menace de l'Allemagne nazie (territoires annexés, annexions et alliés).

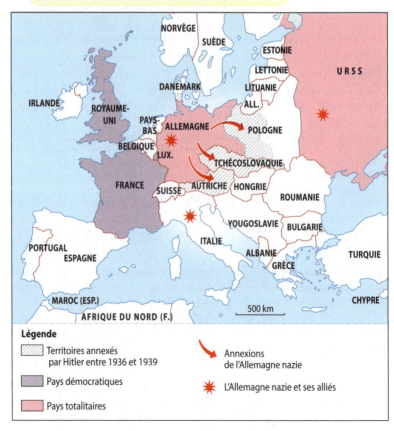

**Légende**
- Territoires annexés par Hitler entre 1936 et 1939
- Pays démocratiques
- Pays totalitaires
- Annexions de l'Allemagne nazie
- L'Allemagne nazie et ses alliés

# Sujet 13 — Les génocides des Juifs et des Tziganes pendant la Seconde Guerre mondiale

**Sujet inédit**

## Exercice 1 — Analyser et comprendre un document (20 pts)

**Document 1 — Témoignage de Simone Veil, déportée au camp d'Auschwitz-Birkenau**

*Simone Veil a été arrêtée en 1944 avec toute sa famille en France à Nice parce qu'ils étaient juifs.*

« J'avais dix-sept ans quand j'ai été arrêtée par la Gestapo et dix-huit à mon arrivée ici, au camp d'Auschwitz-Birkenau. À cette époque, il n'y avait pas un brin d'herbe dans le camp, mais une boue collante.
Après la sélection on nous a dénudées, rasées et tatouées, puis on nous a donné des vêtements ; j'ai reçu un caleçon d'homme, une chemise d'homme, une jupe, une bottine et un escarpin. Pour pouvoir marcher j'ai fait sauter le talon de l'escarpin et c'est là que j'ai reçu mes premiers coups car j'avais commis « un acte de sabotage » en ôtant le talon de ma chaussure. [...]
Tout était fait pour nous humilier, jusque dans les latrines[1] : mais les femmes avaient fait de cet endroit un lieu de résistance, où s'échangeaient les informations obtenues grâce à la résistance polonaise. La puanteur de l'endroit rendait l'arrivée inopinée[2] des SS moins probable.
Dans les baraques, on dormait à six ou huit par châlit[3] selon les arrivages, tête-bêche. Il fallait faire son lit (une paillasse emplie de poux et jamais changée, plus une couverture) tous les matins, et le dimanche, on nous obligeait à piler des briques pour obtenir une poudre que l'on devait répartir sur le sol, sous les châlits pour faire joli et rendre l'espace « agréable ». Il y avait une douche et la désinfection des vêtements une fois par mois. Les « lavabos » ne permettaient qu'un nettoyage rapide. En attendant les vêtements, on devait rester nues, dehors, rangées dans la cour d'appel et lorsque les vêtements nous revenaient, il fallait les enfiler encore mouillés pour aller travailler.

# HISTOIRE — L'Europe, un théâtre majeur des guerres totales (1914-1945)

Les cendres des crématoires étaient jetées dans l'étang au fond du camp. Un jour, je manquai mon kommando[4] chargé de la réfection des routes et des chemins de fer et on m'affecta à l'étang : je dus y verser les cendres des crématoires. Pour ne pas y retourner, je me cachai toute une journée pour pouvoir réintégrer mon kommando et être de nouveau comptabilisée dans son appel. Le nombre des morts empêchait les nazis de vérifier à coup sûr les personnes dans les kommandos ; par contre il y avait de multiples appels de jour comme de nuit.
Je suis restée huit mois à Auschwitz, puis j'ai été évacuée sur Bergen-Belsen. Là, les détenus étaient livrés à eux-mêmes et ne travaillaient pas. De plus, l'endroit était infesté par les poux et les maladies. Une opportunité s'ouvrit alors pour les détenues françaises et nous partîmes pour Buchenwald où j'ai travaillé dans les usines avant d'être libérée. »

Site Mémorial de la Shoah.

1. Latrines : toilettes collectives
2. Inopinée : sans prévenir
3. Châlit : plancher en bois servant de lit
4. Kommando : groupe de prisonniers affecté à un travail par les gardiens SS du camp.

**Document 2** Arrivée d'un convoi de Juifs hongrois au camp d'extermination d'Auschwitz-Birkenau en mai 1944

## La Seconde Guerre mondiale, une guerre d'anéantissement — Corrigé 13

## Questions

**1** Identifiez l'auteure de ce témoignage et présentez-la : au moment où elle arrive à Auschwitz, quel âge a-t-elle ? De quel pays vient-elle ? Pourquoi a-t-elle été arrêtée ? Par qui ? À quelle date ?

**2** Expliquez, à l'aide du document 2, le mot souligné dans le document 1 et décrivez grâce à vos connaissances le fonctionnement particulier du camp d'Auschwitz-Birkenau.

**3** D'après les documents 1 et 2, quelles étaient les populations visées par les camps de mise à mort nazis ? Quelle autre population était elle aussi la cible d'un génocide dans ces camps ?

**4** Dans le document 1, relevez toutes les informations qui nous montrent que dès l'arrivée, les conditions de vie de Simone Veil dans le camp étaient très dures. Ce témoignage correspond-il à vos connaissances sur les camps de concentration pendant la guerre ?

**5** À quel Kommando appartient Simone Veil ? Qu'arrive-t-il le jour où elle manque l'appel de son Kommando ? D'après vos connaissances, d'où proviennent les cendres dont parle Simone Veil ? Pouvez-vous expliquer ce qu'elle ne dit pas dans son témoignage : pourquoi ne veut-elle plus être affectée dans ce Kommando ?

**6** Quels sont les différents camps dans lesquels Simone Veil est transférée à partir de 1945 ? Quel est le bilan du génocide dans les camps d'extermination et de concentration pendant la Seconde Guerre mondiale ?

## Sujet 13 Corrigé

### Les clés pour réussir

**▶ Bien lire le document**

**Identifier sa nature**

Ce document est un témoignage de Simone Veil qui a ensuite été magistrate puis responsable politique française. Il s'accompagne d'une photo de la rampe de sélection du camp d'Auschwitz-Birkenau qui vient illustrer le début du témoignage car Simone Veil ne s'attarde pas sur la sélection et préfère décrire les conditions de vie quotidienne dans le camp de travail.

**Repérer les éléments importants**

- La description de son arrivée au camp et des premières violences qu'elle y a subies.
- Les souffrances et les humiliations quotidiennes vécues dans le camp.

# HISTOIRE — L'Europe, un théâtre majeur des guerres totales (1914-1945)

- Le récit du jour où elle manque l'appel de son Kommando et se trouve affectée à un autre travail.
- Les différents camps où elle est transférée avant sa libération.

▶ **Bien comprendre les questions**

**Question 1**
- La compétence attendue est l'identification de l'auteure avec le prélèvement de toutes les informations la concernant pour bien comprendre la valeur et la portée de son témoignage.

**Question 2**
- Simone Veil passe vite sur certains aspects du fonctionnement du camp, notamment la sélection. Le document 2 vient l'illustrer mais mobilisez aussi vos connaissances pour bien comprendre la photo. Vous devez expliquer pourquoi les gardiens SS forment deux groupes à l'arrivée des trains. Cela vous permet ensuite de bien décrire la particularité du camp d'Auschwitz-Birkenau qui était le seul « double camp » dans l'univers concentrationnaire nazi.

**Question 3**
- Dans les documents 1 et 2, vous avez les informations qui vous permettent de répondre à la première question.
- La deuxième fait appel à vos connaissances qui doivent vous permettre de comprendre le mot génocide et de savoir quelle autre population civile a été tuée pendant la guerre, notamment dans le camp d'Auschwitz-Birkenau.

**Question 4**
- Sélectionnez dans le document les informations demandées. Vous pouvez vous aider en les soulignant d'abord dans le texte puis en passant à la rédaction de votre réponse. Celle-ci doit s'organiser autour des différents thèmes abordés dans le témoignage : les humiliations lors de l'arrivée (le tatouage, le rasage), les vêtements de récupération et les premiers coups qui sont donnés, puis le manque d'hygiène et la vie dans les baraques…
- Confrontez votre réponse à vos connaissances sur ce thème pour expliquer si ce témoignage est concordant avec ce que vous avez appris par ailleurs sur la vie dans les camps de concentration.

**Question 5**
- Trouvez les informations demandées dans le document et expliquez précisément la portée du témoignage de Simone Veil sur le fonctionnement du camp d'extermination d'Auschwitz qui utilisait les détenus du camp de travail pour évacuer les cadavres et faire disparaître leurs cendres.

# La Seconde Guerre mondiale, une guerre d'anéantissement — Corrigé 13

> **Question 6**
> ● Prélevez les informations demandées à la fin du document puis répondez à la question à l'aide de vos connaissances sur le nombre de personnes assassinées par les nazis lors des deux génocides.

## Les mots-clés

● **Auschwitz-Birkenau** : camp de concentration et d'extermination. C'est le plus grand camp de mise à mort dans le système concentrationnaire nazi. Plus d'un million de personnes y ont été tuées.
● **Camp de concentration** : camp de travail forcé mis en place par Hitler pour éliminer ses ennemis en raison de leurs races ou de leurs idées politiques.
● **Camp d'extermination** : centre de mise à mort où les nazis envoient les Juifs et les Tziganes pour les tuer massivement pendant la Seconde Guerre mondiale.
● **Déportation** : déplacement forcé de population
● **Fours crématoires** : fours destinés à brûler les corps des victimes des chambres à gaz dans les camps d'extermination et du travail forcé dans les camps de concentration.
● **Génocide** : destruction organisée et systématique d'un peuple pour le faire disparaître.
● **Gestapo** : police politique chargée de traquer les ennemis du régime nazi d'abord en Allemagne puis dans toute l'Europe occupée pendant la Seconde Guerre mondiale.
● **SS** : Section de protection chargée de la sécurité d'Hitler et du régime nazi.
● **Tziganes ou Tsiganes** : populations nomades ou sédentarisées venues d'Asie, très présentes en Europe de l'Est et persécutées par le régime nazi.

**1** L'auteure de ce témoignage est Simone Veil. Elle a dix sept ans quand elle arrive à Auschwitz. Elle a été arrêtée à Nice par la Gestapo, la police politique nazie, parce qu'elle était juive. Simone Veil a témoigné toute sa vie mais ce témoignage est particulier. Il date de 2005 et il a été recueilli à Auschwitz sur les lieux mêmes de sa déportation lors d'une visite du camp qu'elle a fait avec ses petits-enfants.

**2** Le mot souligné est « sélection » qui est illustré par le document 2. Ce dernier est une photo prise lors de l'arrivée d'un convoi de Juifs hongrois à Auschwitz. On voit des gardes SS et des détenus en uniformes à

> **Gagnez des points !**
> Ne vous contentez pas de décrire la photo car elle ne donne pas toutes les informations, utilisez vos connaissances pour bien expliquer la sélection qui est la spécificité du camp d'Auschwitz-Birkenau.

rayures qui forment une colonne avec des femmes, des enfants en bas âge et une autre colonne avec des hommes. En effet, le camp d'Auschwitz-Birkenau est un double camp : c'est un camp de travail forcé, un camp de concentration pour les hommes et pour les femmes et aussi un camp d'extermination. La sélection consiste donc à séparer les hommes des femmes mais aussi à séparer ceux qui sont aptes au travail et qui vont aller dans le camp de travail, comme Simone Veil, de ceux qui vont aller dans le camp d'extermination comme le groupe de femmes et d'enfants sur le premier plan de la photo.

**3** Les documents 1 et 2 nous montrent que les populations visées sont les populations juives d'Europe. En effet, Simone Veil est une Juive française et la photo nous montre l'arrivée de Juifs hongrois car tous les pays d'Europe occupés par l'Allemagne nazie déportent leurs populations juives vers les camps de la mort en Allemagne et en Pologne. L'autre population qui est victime d'un génocide est la population tzigane présente en Allemagne mais aussi dans d'autres pays d'Europe de l'Est comme la Pologne.

**Gagnez des points !**
Montrez que ce sont tous les Juifs d'Europe qui sont victimes du génocide nazi et pas seulement les Juifs français et hongrois.

**4** L'arrivée au camp est très dure car Simone Veil doit subir les épreuves du déshabillage, du rasage et du tatouage sur le bras. Elle porte désormais un matricule. On lui donne des vêtements qui ne sont pas du tout adaptés et des chaussures avec lesquelles elle ne peut même pas marcher. Elle dit qu'elle reçoit alors « ses premiers coups » ce qui veut dire qu'elle sera battue à d'autres reprises. Elle décrit ensuite le manque d'hygiène partout dans les baraques et les lits, les latrines et les « lavabos ». Cela rendait inutile la « désinfection » qu'elle décrit comme quelque chose de très dur car elle devait rester nue et repartir travailler avec des vêtements mouillés. Ces conditions de vie et un travail très dur provoquaient la maladie et la mort de nombreux détenus. Simone Veil dit « le nombre de morts empêchait les nazis de vérifier à coup sûr les personnes dans les kommandos » malgré «  les multiples appels de jour comme de nuit ». Ce témoignage correspond bien à mes connaissances car tous les témoignages que j'ai étudiés soulignent l'humiliation et la déshumanisation des détenus lors du tatouage à l'arrivée puis le manque d'hygiène et la violence qui régnaient dans tous les camps de travail. C'étaient des camps de « la mort lente » par le travail et les mauvaises conditions de vie.

**L'astuce du prof**
Appuyez-vous sur des passages du texte que vous citez mais attention à ne pas tout recopier pour pouvoir regrouper certaines informations.

**La Seconde Guerre mondiale, une guerre d'anéantissement** Corrigé 13

**5** Simone Veil appartient au kommando chargé de « la réfection des routes et des chemins de fer ». Le jour où elle rate l'appel, elle se retrouve affectée à « l'étang ». Elle doit y verser les cendres des crématoires. Ce sont les cendres des cadavres qui ont été brûlés dans les fours crématoires du camp de travail mais aussi du camp d'extermination. Simone Veil sait d'où proviennent ces cendres et c'est pourquoi elle ne veut plus faire ce travail.

> **Gagnez des points !**
>
> Montrez que vous savez qu'il y avait des fours crématoires dans les camps d'extermination mais aussi dans les camps de concentration.

**6** Simone Veil part pour le camp de Bergen-Belsen puis dans le camp de Buchenwald où elle travaille dans une usine. Il y avait effectivement de très nombreux camps de concentration dans le Reich. Ces camps et les six camps d'extermination en Pologne équipés de chambres à gaz ont causé la mort de près de 5 millions de personnes juives et tziganes, dont plus d'un million sont mortes dans le seul camp d'Auschwitz-Birkenau.

**HISTOIRE**

HISTOIRE     L'Europe, un théâtre majeur des guerres totales (1914-1945)

## Sujet 14 — Résistance militaire et civile en France

**Sujet inédit**

**Exercice 2**  **Maîtriser différents langages**          20 pts

**1** Sous la forme d'un développement construit d'une vingtaine de lignes, décrivez les motivations et les actions de la Résistance militaire et civile en France de 1940 à 1944.

**2** Complétez la frise chronologique ci-dessous :
**a.** Placez au centre de la frise les périodes historiques suivantes : III$^e$ République, GPRF, et Gouvernement de Vichy.
**b.** Coloriez en rouge les périodes de démocratie et en bleu les périodes de gouvernement autoritaire.
**c.** Placez avec des points les repères historiques suivants en précisant à chaque fois leurs dates exactes : l'armistice du Maréchal Pétain, l'appel du général de Gaulle, la création du CNR et le débarquement en Normandie.

**Document** Les grandes dates de la Résistance civile et militaire en France

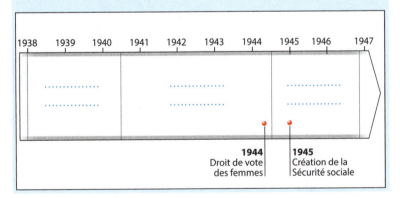

# Sujet 14 Corrigé

## Les clés pour réussir

### Bien comprendre les consignes

**Consigne 1**

- La consigne vous demande de connaître les caractéristiques d'une description en histoire pour rédiger un développement d'une vingtaine de lignes. Il faut donc être méthodique et réussir à organiser vos connaissances pour les présenter de manière structurée et cohérente.
- La description des motivations et des actions de la Résistance doit commencer par sa mise en place avec les repères historiques, notamment la défaite de 1940, puis se poursuivre avec l'explication des différentes motivations puis des différentes actions civiles et militaires de la Résistance. ➜ Fiche 7

**Consigne 2**

- Il faut compléter la frise chronologique en faisant attention à distinguer les périodes à compléter dans le corps de la frise et les dates d'événements importants à placer avec des points.
- Il n'est pas nécessaire de faire une échelle très précise, veillez cependant à respecter un certain ordre chronologique dans le placement des différents points sur la frise.

## Les mots-clés

Résistance • Défaite • Général de Gaulle • France de Vichy • Maréchal Pétain • Collaboration • Valeurs républicaines • Occupation allemande • STO • Action clandestine • Réseaux • CNR • Jean Moulin • Presse clandestine • Persécutions antisémites • Sabotage • FFL • GRPF ➜ lexique

**1** En juin 1940, la France, envahie par l'armée allemande, est dans une situation critique. Appelé au pouvoir, le maréchal Pétain décide de reconnaître la défaite de l'armée française et demande l'armistice le 17 juin 1940. Le 18 juin 1940, à Londres, le général de Gaulle refuse cette défaite et lance un appel à continuer la guerre et à résister. Reconnu par le gouvernement britannique, il devient le représentant de la France libre.

La Résistance naît donc d'abord du refus de l'armistice mais très vite, elle s'organise aussi en France contre la dictature du maréchal Pétain. Ainsi,

> **Gagnez des points !**
> Commencez votre description en la situant précisément dans le temps et dans l'espace.

elle combat à la fois le régime de Vichy et les nazis au nom des valeurs démocratiques et républicaines.

Les actions militaires de la Résistance s'organisent au Royaume-Uni autour du général de Gaulle et des Français qui le rejoignent au sein des FFL afin de continuer la guerre aux côtés des Alliés.

Une Résistance intérieure s'organise aussi en France avec des réseaux et des mouvements clandestins. Ils mènent des actions militaires comme le sabotage de trains, l'assassinat de partisans du Maréchal Pétain ou l'attaque de convois allemands. Ils conduisent aussi des actions politiques en imprimant et diffusant des tracts et des journaux clandestins qui s'opposent à la propagande de Vichy et au STO. Ils organisent des actions pour venir en aide aux Juifs persécutés par les lois antisémites et les rafles du régime raciste du maréchal Pétain.

En 1943, les différents mouvements résistants sont unifiés par de Gaulle et Jean Moulin avec la création du CNR, le Conseil National de la Résistance dont le but est de refonder la République.

En 1944, la Résistance participe activement à la libération de la France par les Alliés. Dans le même temps, de Gaulle devient le chef du GPRF, le Gouvernement Provisoire de la République Française chargé de préparer le retour de la démocratie et des valeurs républicaines en France.

> **L'astuce du prof**
>
> Organisez votre développement en décrivant les différentes actions menées par les Résistants : d'abord les actions militaires, ensuite les actions civiles et politiques. Rédigez d'abord un brouillon pour structurer le mieux possible votre description.

> **Gagnez des points !**
>
> Mentionnez le CNR et Jean Moulin pour souligner l'importance de leur action.

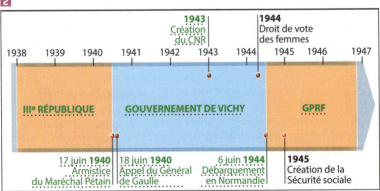

> **L'astuce du prof**
>
> Placez les points de manière cohérente dans l'année : au début, au milieu ou à la fin de la case selon le mois où se produit l'événement. Tracez un trait à partir du point pour pouvoir écrire.

Indépendance et construction de nouveaux États — Sujet 15

# Sujet 15
## Les revendications des Algériens face à la colonisation française

*Sujet inédit*

### Exercice 1 — Analyser et comprendre un document — 20 pts

**Document** — Extraits du manifeste du peuple algérien rédigé par Ferhat Abbas

*Ce texte a été remis aux autorités françaises à Alger le 10 février 1943.*

Nous avons pensé qu'après les malheurs de la France en 1940, le colon allait réaliser et reconsidérer le problème algérien. Pas plus que la victoire de 1918, la défaite ne l'obligea à la réflexion. Bien au contraire […] (Aujourd'hui) le bloc européen et le bloc musulman restent distincts l'un de l'autre, sans âme commune. L'un fort de ses privilèges et de sa position sociale, l'autre, menaçant par le problème démographique qu'il crée et par la place au soleil qu'il revendique et qui lui est refusée. […]

Le président Roosevelt, dans sa déclaration faite au nom des Alliés, a donné l'assurance que dans l'organisation du nouveau monde, les droits de tous les peuples, petits et grands, seraient respectés.
Fort de cette déclaration, le peuple algérien demande dès aujourd'hui […] :
a) La condamnation et l'abolition de la colonisation, c'est-à-dire de l'annexion et de l'exploitation d'un peuple par un autre peuple. […]
b) L'application pour tous les pays, petits et grands, du droit des peuples à disposer d'eux-mêmes.
c) La dotation à l'Algérie d'une Constitution propre garantissant :
1° La liberté et l'égalité absolue de tous ses habitants, sans distinction de race ni de religion. […]
3° La reconnaissance de la langue arabe comme langue officielle au même titre que la langue française.
4° La liberté de la presse et le droit d'association.
5° L'instruction gratuite et obligatoire pour les enfants des deux sexes.
6° La liberté du culte pour tous les habitants et l'application à toutes les religions du principe de séparation de l'Église et de l'État.

d) La participation immédiate et effective des musulmans algériens au gouvernement de leur pays. [...]

Le peuple algérien connaissant le sort réservé aux promesses faites durant les hostilités[1], voudrait voir son avenir assuré par des réalisations tangibles[2] et immédiates.
Il accepte tous les sacrifices. C'est aux autorités responsables à accepter sa liberté.

Extrait du Manifeste du peuple Algérien, 10 février 1943.

1. Hostilités : la guerre.
2. Tangibles : qu'on peut toucher.

## Questions

**1** Identifiez l'auteur de ce texte et relevez son titre, son destinataire et la date à laquelle il est écrit. Quelle est la situation de la France à cette date ?

**2** Quel « malheur » a frappé la France en 1940 ? À quelle victoire Ferhat Abbas fait-il référence quand il parle de « la victoire de 1918 » ?

**3** Comment Ferhat Abbas décrit-il le problème algérien ? Quelle est la situation qu'il condamne ?

**4** À quelle grande puissance et quelle nouvelle organisation internationale fait référence Ferhat Abbas ? Quelle en sera la conséquence pour l'Algérie ?

**5** Relevez puis classez dans le tableau ci-dessous les nouveaux droits demandés par Ferhat Abbas pour les Algériens :

| Droits à l'égalité sociale et culturelle | Droits et libertés individuelles | Droit à l'éducation | Droits politiques |
|---|---|---|---|
|  |  |  |  |

**6** Est-ce que les revendications de Ferhat Abbas et des Algériens sont entendues par les autorités françaises en 1943 et dans les années suivantes ? Que se passe-t-il à partir de 1954 entre la France et l'Algérie ?

# Sujet 15 Corrigé

## Les clés pour réussir

### ▶ Bien lire le document

**Identifier sa nature**

Ce document est un manifeste, c'est-à-dire un texte qui expose des revendications, rédigé par Ferhat Abbas, responsable politique en Algérie, fondateur du parti politique l'Union populaire algérienne. Il rédige ce texte en 1943, profitant de la situation difficile de la France qui est divisée entre l'autorité du général de Gaulle et celle du maréchal Pétain et qui a besoin de l'aide et du soutien de ses colonies. → Fiche 8

**Repérer les éléments importants**

- Les dates importantes de 1940 et de 1918.
- La description de la situation coloniale en Algérie avec une société divisée en bloc.
- La référence à la nouvelle grande puissance qui organisera le monde après la guerre.
- Les nouveaux droits revendiqués pour les Algériens.

### ▶ Bien comprendre les questions

**Question 1**

- La compétence attendue est celle d'identifier l'auteur du document et de relever la date à laquelle il présente son manifeste aux autorités françaises.
- Vous devez expliquer le contexte historique compliqué qui est celui de la France à cette date. Pour cela, faites appel à vos connaissances sur la Seconde Guerre mondiale et sur la France pendant ce conflit.

**Question 2**

- Cette question fait appel à vos connaissances sur la Seconde Guerre mondiale et sur la Première Guerre mondiale qui doivent vous permettre d'expliciter les références de Ferhat Abbas « aux malheurs de la France en 1940 » et à « la victoire de 1918 ».

**Question 3**

- La compétence attendue est de comprendre le sens général du document qui est la dénonciation faite par Ferhat Abbas de la situation coloniale en Algérie. En effet, l'Algérie est une colonie de peuplement, qui est devenue une partie de la France (trois départements), dans laquelle vivent plus d'un millions de Français et d'Européens et plus de huit millions d'Algériens. Or, ces deux populations qui vivent ensemble n'ont pas les mêmes droits et forment comme « deux blocs ».

## HISTOIRE — Le monde depuis 1945

● Vous devez l'expliquer en citant parfois le texte mais sans le recopier entièrement.

**Question 4**

● La grande puissance est celle qui est dirigée par le président Roosevelt et Ferhat Abbas compte sur elle pour organiser un monde dans lequel la France, affaiblie par sa situation pendant la Seconde Guerre mondiale, ne jouera plus un rôle important et ne pourra pas s'opposer aux volontés d'égalité des Algériens.

**Question 5**

● La compétence attendue est d'extraire les différentes revendications du document et de les classer en fonction des droits qu'elles évoquent. Vous devez vous appuyer sur vos connaissances en EMC pour retrouver à quels droits correspondent les libertés individuelles citées.

**Question 6**

● Cette question vous demande de mesurer la portée historique du document et d'expliquer les conséquences du refus pour la France d'écouter les revendications du peuple algérien en 1943. La date de 1954 est très importante et vous devez développer votre réponse grâce à vos connaissances sur la guerre d'Algérie.

### Les mots-clés

● **Alliés** : alliance formée par la Grande-Bretagne, la France puis les États-Unis et l'URSS pendant la Seconde Guerre mondiale.
● **Colonie** : territoire dominé et exploité par un pays étranger.
● **Constitution** : loi fondamentale d'un pays qui définit l'organisation d'un État, ses principes et ses valeurs.
● **Décolonisation** : processus par lequel les colonies accèdent à l'indépendance.
● **« Droit des peuples à disposer d'eux-mêmes »** : droit mis en place par le président des États-Unis, W. Wilson après la Première Guerre mondiale pour aider les peuples européens sous la domination des Empires à prendre leur indépendance.
● **FLN** : le Front de Libération Nationale est un mouvement indépendantiste algérien fondé en 1954 qui engage une lutte armée contre la France.

**1** L'auteur de ce texte est Ferhat Abbas et son titre est « le Manifeste du peuple algérien ». Le destinataire de ce texte est le représentant des autorités françaises à Alger. Ce texte est rédigé en 1943, pendant la Seconde Guerre mondiale. À cette date, la situation est compliquée pour la France car elle a deux dirigeants, le maréchal Pétain en France qui collabore avec l'Allemagne nazie et le général de Gaulle, chef de la France Libre à Londres, qui continue la guerre aux côtés des Alliés.

Indépendance et construction de nouveaux États **Corrigé 15**

**2** Ferhat Abbas fait référence à la défaite de la France face à l'Allemagne nazie et à l'armistice signée par le maréchal Pétain le 17 juin 1940.

La victoire de 1918 est celle de la France lors de la Première Guerre mondiale.

> **Gagnez des points !**
> Précisez la date de l'armistice, mais ne racontez pas la défaite.

**3** Le problème algérien selon Ferhat Abbas est que la société est divisée en deux « blocs » qui ne communiquent pas, qui n'ont pas d'objectifs communs. D'un côté, il y a le bloc européen qui est celui des colons et qui veut continuer à jouir de « ses privilèges » et, de l'autre côté, un bloc musulman qui subit la domination des colons et qui veut « sa place au soleil » c'est-à-dire accéder aux mêmes droits, aux mêmes privilèges que les colons. Ferhat Abbas souligne aussi le problème démographique qui joue en faveur du bloc musulman : la population européenne est beaucoup moins nombreuse que la population musulmane. La situation que Ferhat Abbas dénonce ici est la situation coloniale qui est selon lui « l'exploitation et l'annexion d'un peuple par un autre ».

> **Gagnez des points !**
> Expliquez l'enjeu démographique auquel fait allusion Ferhat Abbas et qui est une particularité de la situation algérienne.

**4** La grande puissance dirigée par le président Roosevelt en 1943 est les États-Unis. Ce sont eux qui à la tête des Alliés, décideront de l'organisation du monde de l'après-guerre selon Ferhat Abbas. Ce monde sera un monde qui respectera « le droit de tous les peuples petits et grands ». Grâce à ce nouvel ordre mondial, l'Algérie et les colonies pourront faire valoir leurs droits. Effectivement, après la guerre, l'ONU, créée par les Alliés, défend les peuples colonisés et les soutient dans leur lutte pour l'indépendance.

**5**

| Droits à l'égalité sociale et culturelle | Droits et libertés individuelles | Droit à l'éducation | Droits politiques |
|---|---|---|---|
| – La liberté et l'égalité absolue de tous ses habitants, sans distinction de race ni de religion.<br>– La reconnaissance de la langue arabe comme langue officielle au même titre que la langue française. | – La liberté de la presse et le droit d'association<br>– La liberté de culte pour tous les habitants et l'application à toutes les religions du principe de séparation de l'Église et de l'État. | – L'instruction gratuite et obligatoire pour les enfants des deux sexes. | – La participation immédiate et effective des musulmans algériens au gouvernement de leur pays. |

**6** Les revendications de Ferhat Abbas ne sont pas entendues en 1943 ni dans les années suivantes ; au contraire, la France refuse d'entamer toute

## HISTOIRE — Le monde depuis 1945

négociation même après la Seconde Guerre mondiale. En 1954 se déclenche une insurrection armée contre la France en Algérie. Elle est lancée par un mouvement indépendantiste, le FLN, qui réclame l'indépendance de l'Algérie sans négociation. Cette insurrection est le début d'une guerre meurtrière et sanglante qui dure jusqu'en 1962. Elle aboutit à l'indépendance de l'Algérie et au retour en métropole de la plupart des colons français et européens.

> **Gagnez des points !**
> Mentionnez les dates repères de début et de fin de la guerre d'Algérie et le FLN. Vous pouvez aussi parler des Accords d'Évian et du rôle du général de Gaulle.

# Sujet 16 — Un monde bipolaire

Asie, juin 2017

### Exercice 2  Maîtriser différents langages — 20 pts

**1** Rédigez un texte structuré d'une vingtaine de lignes présentant le monde bipolaire au temps de la Guerre froide (dates, définitions, acteurs, manifestations).

**2** Sur la frise chronologique ci-dessous, placez les dates de début et de fin de la Guerre froide et donnez-en un événement majeur que vous placerez également sur la frise.

**Le monde bipolaire de la Guerre froide**

## Sujet 16  Corrigé

### Les clés pour réussir

▶ **Bien comprendre les consignes**

**Consigne 1**

- L'analyse du sujet n'est pas très facile, surtout à cause des mots entre parenthèses (« dates, définitions, acteurs, manifestations »). Ce n'est bien sûr pas un plan à suivre. Vous devez **insérer ces informations dans votre développement construit**.
- Les dates sont les **dates repères du programme** (bornes chronologiques de la Guerre froide et date d'une crise importante de ce conflit). Les définitions sont **les termes particuliers**, appris en cours, qui se rapportent à la Guerre froide. Les acteurs sont les **deux grandes puissances**, ainsi que leurs principaux dirigeants. Par manifestations, le sujet entend les **formes d'affrontement** entre les deux blocs, que ce soient des crises, des conflits ou des rivalités.

## HISTOIRE — Le monde depuis 1945

- Le sujet vous invite à « présenter » le monde bipolaire au temps de la Guerre froide. Cela signifie que vous devez décrire comment le monde se divise en **deux blocs opposés**, puis comment ces deux blocs s'affrontent. D'autres structures sont possibles, l'essentiel étant que vous organisiez vos connaissances.

**Consigne 2**

- Attention de bien placer les dates en précisant l'événement qui correspond. Pour la fin de la Guerre froide, deux dates peuvent être acceptées : soit celle de la chute du mur de Berlin, soit celle de l'éclatement de l'URSS.

### Les mots-clés

Monde bipolaire • Guerre froide • Communisme • Capitalisme • Démocratie • Rideau de fer • OTAN • Pacte de Varsovie • Dissuasion nucléaire
→ fiche 8

**1** Dès la fin de la Seconde Guerre mondiale, des tensions apparaissent entre les États-Unis et l'URSS : la Guerre froide commence et dure jusqu'en 1989. Comment se présente le monde bipolaire au temps de la Guerre froide ?

**Gagnez des points !**
Présentez le sujet et donnez les bornes chronologiques du sujet (début et fin de la Guerre froide).

À partir de 1947, le monde est véritablement coupé en deux. On parle alors d'un monde bipolaire. L'idéologie des États-Unis et celle de l'URSS, les deux grands vainqueurs de la Seconde Guerre mondiale, sont en effet incompatibles : démocratie et capitalisme pour les États-Unis ; communisme pour l'URSS de Staline. Dans les pays d'Europe de l'Est qu'elle a libérés, cette dernière impose des dictatures communistes. Le président américain, Harry Truman, réagit en proposant l'aide économique du Plan Marshall pour insérer dans sa zone d'influence les pays d'Europe de l'Ouest. L'Europe est donc divisée par un « rideau de fer », une frontière infranchissable. Chacun des deux Grands cherche en fait à étendre sa zone d'influence en tentant de limiter celle du camp opposé. Deux blocs d'alliance militaire opposés se mettent en place à l'échelle mondiale : l'OTAN pour le bloc de l'Ouest et le Pacte de Varsovie pour le bloc de l'Est. En 1949, la victoire des communistes de Mao Zedong semble renforcer encore le bloc communiste.

**L'astuce du prof**
Comme vous le demande le sujet, utilisez bien les définitions précises apprises en classe.

Malgré ces tensions très fortes, les États-Unis et l'URSS ne s'affrontent jamais directement. C'est une guerre « froide ». À partir de 1949, l'URSS se dote à son tour de l'arme atomique. Un « équilibre de la terreur » se met en

## Un monde bipolaire au temps de la Guerre froide — Corrigé 16

place grâce à la dissuasion nucléaire : aucun des deux Grands n'ose déclencher un conflit qui risquerait de les détruire en même temps que leur ennemi. Parfois cependant, on est proche de l'affrontement : c'est le cas à Berlin lors de la construction du mur en 1961 ou lors de la crise de Cuba en 1963. En dehors de ces crises, le conflit prend d'autres formes. Les États-Unis et l'URSS rivalisent dans tous les domaines. Ils mènent une guerre idéologique et culturelle à travers tous les arts qui deviennent des outils de propagande. Ils mènent aussi une guerre technologique, notamment avec la conquête spatiale : en 1959, l'URSS envoie le premier homme dans l'espace, mais ce sont les

> **L'astuce du prof**
> Ne racontez pas en détail les crises de la Guerre froide, car ce n'est pas le sujet.

Malgré ces tensions très fortes, les États-Unis et l'URSS ne s'affrontent jamais directement. C'est une guerre « froide ». À partir de 1949, l'URSS se dote à son tour de l'arme atomique. Un « équilibre de la terreur » se met en place grâce à la dissuasion nucléaire : aucun des deux Grands n'ose déclencher un conflit qui risquerait de les détruire en même temps que leur ennemi. Parfois cependant, on est proche de l'affrontement : c'est le cas à Berlin lors de la construction du mur en 1961 ou lors de la crise de Cuba en 1963. En dehors de ces crises, le conflit prend d'autres formes. Les États-Unis et l'URSS rivalisent dans tous les domaines. Ils mènent une guerre idéologique et culturelle à travers tous les arts qui deviennent des outils de propagande. Ils mènent aussi une guerre technologique, notamment avec la conquête spatiale : en 1959, l'URSS envoie le premier homme dans l'espace, mais ce sont les États-Unis qui marchent les premiers sur la Lune dix ans plus tard. Enfin les deux Grands s'affrontent également indirectement lors de conflits locaux comme lors de la guerre de Corée de 1950 à 1953 ou de la guerre du Vietnam dans les années 1960.

Pendant la Guerre froide, le monde bipolaire voit donc s'affronter deux grands blocs d'alliance menés par les États-Unis et l'URSS. Après la chute du mur de Berlin en 1989, le bloc de l'Est se disloque peu à peu jusqu'à l'éclatement de l'URSS en 1991.

> **Gagnez des points !**
> Expliquez rapidement comment s'est terminée la Guerre froide.

**2**

Le monde bipolaire de la Guerre froide

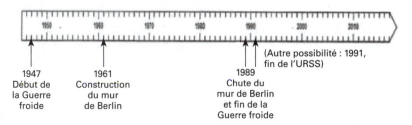

1947 Début de la Guerre froide

1961 Construction du mur de Berlin

1989 Chute du mur de Berlin et fin de la Guerre froide

(Autre possibilité : 1991, fin de l'URSS)

# HISTOIRE — Le monde depuis 1945

## Sujet 17 — 1992 : une étape majeure de la construction européenne

**Sujet inédit**

### Exercice 1 — Analyser et comprendre un document — 20 pts

**Document 1** — Extraits du Traité de Maastricht

*Ce traité est ratifié dans la ville de Maastricht aux Pays-Bas par les douze États membres de la CEE, en 1992.*

RÉSOLUS[1] à franchir une nouvelle étape dans le processus d'intégration européenne […]
RAPPELANT l'importance historique de la fin de la division du continent européen et la nécessité d'établir des bases solides pour l'architecture de l'Europe future.
CONFIRMANT leur attachement aux principes de la liberté, de la démocratie et du respect des droits de l'homme et des libertés fondamentales […]
ONT DÉCIDÉ d'instituer une Union européenne. […]
L'Union se donne pour objectifs :
– de promouvoir un progrès économique et social équilibré et durable, notamment par la création d'un espace sans frontières intérieures, [..] et par l'établissement d'une union économique et monétaire comportant, à terme, une monnaie unique […]
– d'affirmer son identité sur la scène internationale, notamment par la mise en œuvre d'une politique étrangère et de sécurité commune, y compris la définition à terme d'une politique de défense commune, qui pourrait conduire, le moment venu, à une défense commune ;
– de renforcer la protection des droits et des intérêts des ressortissants de ses États membres par l'instauration d'une citoyenneté de l'Union ;
– de développer une coopération étroite dans le domaine de la justice […]

Extrait du Traité de Maastricht, 7 février 1992.

---

**1.** Les douze États membres de la CEE.

**Document 2** ▸ **Dessin de presse de P. Kroll paru dans le quotidien belge *Le Soir* en 2010**

## Questions

**1** Présentez les deux documents. Quelles étapes de la construction européenne illustrent-ils ?

**2** À quelle date est signé le Traité de Maastricht ? Quel est le contexte international et européen cette année-là ? Citez la phrase du Traité qui montre que c'est un moment important pour l'histoire de l'Europe.

## HISTOIRE — Le monde depuis 1945

**3** Pour quelles raisons les États membres de la CEE décident-ils de rédiger ce nouveau Traité ?

**4** Quels sont les objectifs de ce nouveau Traité ? Relevez-les et classez-les dans le tableau ci-dessous :

| Objectifs économiques | Objectifs en matière de politique et de sécurité internationales | Objectifs politiques |
|---|---|---|
|  |  |  |

**5** Aujourd'hui en 2016, quels objectifs ont été atteints ? Justifiez votre réponse en vous appuyant sur des réalisations concrètes de l'Union européenne.

**6** D'après le document 2, quelles difficultés rencontre l'Union européenne ?

## Sujet 17 Corrigé

### Les clés pour réussir

▶ **Bien lire le document**

**Identifier sa nature**

Le document 1 est un traité, c'est-à-dire un accord, conclu entre différents États. En tant que document officiel, ce n'est pas un texte facile à lire car il possède une forme et un vocabulaire assez techniques. Néanmoins, en tant que texte fondateur de l'UE, vous devez pouvoir le comprendre pour l'avoir, au moins en partie, étudié en classe. Le document 2 est un dessin de presse ou une caricature qui compare l'Europe de 1957 à ses débuts à l'Europe en 2010. → Fiche 12

**Repérer les éléments importants du document 1**

- Les raisons pour lesquelles les membres de la CEE décident de franchir une nouvelle étape dans la construction européenne.
- Le nom de la nouvelle construction européenne.
- Les différents objectifs de cette nouvelle Europe.

## Affirmation et mise en œuvre du projet européen — Corrigé 17

### Bien comprendre les questions

**Question 1**
- Les deux documents sont de nature différente. Le document 1 est un traité ratifié, c'est-à-dire signé par les ministres de 12 États en 1992 tandis que le document 2 est un dessin de presse belge qui date de 2010.
- Ces deux documents illustrent les trois étapes fondamentales de la construction européenne : c'est ce que vous devez expliquer à l'aide de vos connaissances en histoire et en géographie.

**Question 2**
- La date de 1992 est à replacer dans le contexte de la fin de la Guerre froide et de ses conséquences en Europe avec l'effacement du rideau de fer.
- Mobilisez vos connaissances sur la Guerre froide pour démontrer l'importance du contexte et du symbole historique de la signature de ce traité.

**Question 3**
- Les différentes raisons sont bien sûr liées à ce nouveau contexte international mais aussi à la volonté depuis 1957 d'approfondir et de renforcer les institutions européennes dans plusieurs domaines.
- C'est pourquoi un nouveau nom est donné à la CEE car une nouvelle étape dans la construction européenne est franchie.

**Question 4**
- Relever les différents objectifs est assez simple car ils apparaissent clairement dans le traité. Ne recopiez pas tout le texte à chaque fois, montrez que vous savez prélever et sélectionner les informations essentielles.

**Question 5**
- Cette question vous demande de mobiliser vos connaissances à la fois en histoire mais aussi en géographie et en EMC (la citoyenneté européenne).
- Les réalisations concrètes doivent être décrites en donnant si possible la date de leur mise en œuvre.

**Question 6**
- Vous pouvez aborder les différentes réalisations qui restent bloquées ou seulement en cours de réalisation mais surtout les difficultés liées aux élargissements successifs de l'Union européenne depuis 1957, comme l'illustre le document 2.

## HISTOIRE — Le monde depuis 1945

### Les mots-clés

- **CEE** : Communauté Économique Européenne fondée en 1957.
- **Élargissement** : ouverture de la CEE puis de l'UE à de nouveaux États membres.
- **Espace Schengen** : espace de libre circulation des personnes créé par la convention de Schengen en 1985 qui regroupe aujourd'hui 26 États membres ou non de l'UE.
- **Euro** : monnaie unique adoptée par douze États de l'UE en 2002.
- **Guerre froide** : conflit politique et idéologique entre les États-Unis et l'URSS pour la domination du monde après la Seconde Guerre mondiale mais qui n'aboutit jamais à une guerre ouverte.
- **PESD** : Politique Européenne de Sécurité et de Défense commune.
- **Rideau de fer** : image utilisée pour désigner la frontière infranchissable entre l'Europe de l'Ouest et l'Europe de l'Est communiste, pendant la Guerre froide.
- **Traité de Rome** : traité signé en 1957 par six États européens dont la France et la RFA, instituant la CEE.

**1** Le document 1 est un traité ratifié par les douze pays membres de la CEE à Maastricht aux Pays-Bas en 1992. Le document 2 est un dessin de presse de P. Kroll paru dans un journal belge, Le Soir, en 2010. Le document 2 nous montre 6 personnes assises avec la mention « l'Europe en 1957 » ce qui illustre les débuts de la CEE fondée en 1957 par le Traité de Rome et qui ne comprenait que 6 pays (la France, la RFA, l'Italie et le Bénélux). Le document 1 est le traité de Maastricht qui a été ratifié par douze pays et qui fonde « une union européenne » en 1992. Le document 2 nous montre l'avant-dernière étape de la construction européenne, l'élargissement à 27 pays.

> **Gagnez des points !**
> Mentionnez le traité de Rome et la fondation de la CEE. Vous pouvez aussi décrire le processus d'élargissement mis en place depuis 2004 pour accueillir les anciens pays du bloc communiste.

**2** Le traité de Maastricht est signé en 1992. Cette année-là marque la fin de la Guerre froide car, entre 1989 et 1991, le bloc communiste s'est peu à peu effondré. Cela signifie que l'Europe n'est plus déchirée par le rideau de fer, frontière infranchissable créée par la Guerre froide. Le traité le rappelle, cette date marque « la fin de la division du continent européen ».

> **Gagnez des points !**
> Utilisez vos connaissances sur la fin de la Guerre froide en Europe pour comprendre l'allusion à la division du continent européen.

**3** Un nouveau traité est nécessaire car, en raison du contexte historique, il faut franchir une nouvelle étape dans la construction européenne, en établissant « des bases solides pour l'architecture de l'Europe future » et en confirmant « l'atta-

> **L'astuce du prof**
> Appuyez-vous sur le document en faisant des citations pour bien répondre à la question.

chement aux principes de la liberté, de la démocratie et du respect des droits de l'homme et des libertés fondamentales ». Pour cela, la CEE se transforme en une union européenne.

**4**

| Objectifs économiques | Objectifs en matière de politique et de sécurité internationale | Objectifs politiques |
|---|---|---|
| – Création d'un espace intérieur sans frontières<br>– Création d'une monnaie unique | – Politique étrangère et de sécurité commune<br>– Création d'une défense commune | – Instauration d'une citoyenneté européenne<br>– Coopération étroite dans le domaine de la justice |

**5** Aujourd'hui en 2016, plusieurs objectifs ont été réalisés. En 1995, la convention de Schengen entre en application et crée un espace intérieur sans frontières et en 2002, 12 États membres de l'UE adoptent une monnaie unique : l'euro. Les objectifs économiques ont été atteints. À partir de 1992, une citoyenneté européenne est mise en place avec la création d'un passeport de l'UE et le droit de voter et de se présenter à certaines élections dans l'UE. En politique étrangère, il existe désormais un ministre des affaires étrangères de l'UE qui représente la position de tous les États membres et ceux-ci essayent de mettre en place la PESD, la Politique Européenne de Sécurité et de Défense commune.

> **L'astuce du prof**
> Ne rédigez pas de réponses dans le tableau, il faut juste prélever l'information importante.

**6** Le document 2 illustre les problèmes posés par les élargissements successifs de l'UE depuis 1957. À 6 pays, il était facile de s'entendre et de parler d'une seule voix tandis qu'en 2010 à 27 pays, il est très difficile de se mettre d'accord. Certains pays, comme le Royaume-Uni, pensent même à quitter l'UE.

> **Gagnez des points !**
> Ne décrivez pas le dessin mais essayez de trouver des exemples qui illustrent les désaccords entre États membres de l'UE.

# HISTOIRE — Le monde depuis 1945

## Sujet 18 — Vers le déclin de la puissance américaine ?

*Sujet inédit*

### Exercice 1 — Analyser et comprendre un document — 20 pts

**Document** — Les conséquences de la guerre d'Irak

La guerre d'Irak[1] devait être le triomphe de la domination des États-Unis et la preuve que rien ne pouvait arrêter leur volonté, une fois que leur décision était prise. (…). Pourtant, cette rapide victoire s'est avérée être une catastrophe stratégique. En effet, les objectifs recherchés n'ont pas été atteints, qu'il s'agisse de la lutte contre les armes de destruction massive, de la guerre contre le terrorisme ou du contrôle par les États-Unis du Proche-Orient.

Mais si la guerre d'Irak a montré les limites de la puissance américaine, il serait toujours trop rapide de conclure au déclin des États-Unis. Les États-Unis ont toujours, et de loin, le premier PNB mondial et le dollar reste la monnaie de référence ; les entreprises américaines sont toujours les plus puissantes et occupent des positions dominantes dans de nombreux domaines, notamment dans les nouvelles technologies ; leurs capacités d'innovation technologiques restent déterminantes. L'Amérique exerce un effet d'attractivité très fort sur les élites du monde, continue à démontrer des capacités d'intégration [des immigrés] tout à fait remarquables et sa culture populaire (cinéma, musique, etc.) a toujours une position dominante dans le monde. […] Dans ce sens, les États-Unis exercent encore un pouvoir de persuasion et d'influence (dit *soft power*) en dehors des champs de bataille et des politiques de contrainte (dits *hard power*). […] Les États-Unis pourraient tout à fait de nouveau exercer un leadership[2] [mondial], à condition de prendre plus en compte l'avis des autres puissances. La politique extérieure américaine est rejetée, mais la société américaine demeure populaire et attractive.

Texte extrait de Pascal Boniface, *50 idées reçues sur l'état du monde*,<br>Armand Colin, France, 2007.

1. Guerre d'Irak : il s'agit de la guerre commencée en 2003 par Georges W. Bush, président des États-Unis contre Saddam Hussein, dictateur de l'Irak.
2. Leadership : position dominante.

## Enjeux et conflits dans le monde après 1989 — Corrigé 18

## Questions

**1** Identifiez l'auteur du texte et son point de vue sur les États-Unis : est-ce un acteur ou un commentateur de la puissance américaine ?

**2** Selon l'auteur, la guerre en Irak a-t-elle été un succès ou un échec pour les États-Unis ? Justifiez votre réponse à l'aide du texte.

**3** Pourquoi les États-Unis peuvent-ils prétendre dominer le monde depuis 1991 ? Quelle guerre ont-ils gagné ?

**4** Selon l'auteur, peut-on dire que la puissance des États-Unis est en déclin ? Justifiez votre réponse à l'aide d'exemples donnés par le texte.

**5** D'après le document, qu'est-ce que le *soft power* ? Qu'est-ce que le *hard power* ?

**6** D'après vos connaissances, quelles sont les autres puissances auxquelles fait référence l'auteur ? Comment appelle-t-on un monde dominé par plusieurs puissances ?

## Sujet 18 Corrigé

### Les clés pour réussir

▶ **Bien lire le document**

**Identifier sa nature**

Le document est extrait d'un livre écrit par Pascal Boniface, un auteur français, publié en 2007. Son point de vue est donc extérieur, critique sur la puissance des États-Unis.

**Repérer les éléments importants**

- Le début du texte qui analyse le bilan de la guerre d'Irak.
- La description de la puissance des États-Unis et de son soft power.
- La conclusion sur la possibilité d'un retour de la puissance américaine.

▶ **Bien comprendre les questions**

**Question 1**

- La compétence attendue est d'identifier l'auteur du texte pour comprendre son point de vue sur la puissance des États-Unis.

**Question 2**

- Dans cette question, vous devez comprendre le point de vue de l'auteur à partir de son jugement sur la guerre d'Irak. Ce jugement est en effet très critique bien qu'il reconnaisse la victoire des États-Unis en Irak.

# HISTOIRE — Le monde depuis 1945

**Question 3**
- La date de 1991 doit vous aider à retrouver le nom du long conflit qui se termine à ce moment et qui marque la fin d'un monde bipolaire.

**Question 4**
- Plusieurs éléments sont à repérer et à prélever dans le texte. Vous pouvez appuyer votre réponse sur ces citations pour éviter de paraphraser le texte. Attention à bien relever plusieurs éléments de la puissance et de l'attractivité des États-Unis ; le texte propose de nombreux exemples.

**Question 5**
- Les définitions de *soft power* et de *hard power* sont données dans le texte mais vous pouvez aussi utiliser vos connaissances sur la puissance des États-Unis pour bien comprendre ce que dit l'auteur.

**Question 6**
- Grâce à vos connaissances, citez le nom de plusieurs grandes puissances émergentes qui tiennent tête à la puissance américaine. Ces nouvelles puissances créent un monde où les décisions doivent être prises en concertation ce qui rend plus important le rôle de l'ONU.

## Les mots-clés

- **Armes de destruction massive** : expression qui désigne essentiellement les armes nucléaires, chimiques et bactériologiques.
- **Guerre froide** : conflit politique et idéologique entre les États-Unis et l'URSS pour la domination du monde après la Seconde Guerre mondiale mais qui n'aboutit jamais à un conflit ouvert.
- **Multipolaire** : qui est composé de plusieurs pôles de puissances.
- **PNB** : Produit National Brut : montant des richesses produites par un pays en une année.
- **Proche-Orient** : zone de l'Asie de l'Ouest qui borde la Méditerranée jusqu'à l'Irak.
- **Puissance** : état qui exerce une influence économique politique, militaire et culturelle à l'échelle mondiale.
- **Pays émergeants** : pays qui sortent de la pauvreté grâce à une très forte croissance économique depuis plus d'une dizaine d'années et qui deviennent de nouvelles puissances.
- **Terrorisme** : imposer des idées politiques, une volonté politique par des actions violentes (attentats, assassinats, prises d'otage).

**Enjeux et conflits dans le monde après 1989**  **Corrigé 18**

**1** L'auteur de ce texte est un Français, Pascal Boniface, qui a écrit un livre en 2007 intitulé *50 idées reçues sur l'état du monde*, un an avant l'élection de Barack Obama comme président des États-Unis. Ce n'est donc pas un acteur de la puissance américaine qui s'exprime mais bien un commentateur qui la critique.

**2** Selon l'auteur, la guerre en Irak a été un échec pour les États-Unis. En effet, ils devaient prouver leur domination mondiale mais malgré une « rapide victoire », ils n'ont réussi à atteindre aucun des objectifs pour lesquels ils étaient entrés en guerre. Ils n'ont pas trouvé d'armes de destruction massive, le terrorisme islamiste ne s'est pas arrêté et la zone du Proche-Orient est restée incontrôlable, notamment l'Irak où les États-Unis ont été obligés de maintenir leur présence jusqu'en 2014 au moins.

> **Gagnez des points !**
> Utilisez vos connaissances pour bien rédiger votre réponse sans recopier le texte tout en comprenant le sens de ce qu'affirme l'auteur.

**3** Les États-Unis peuvent prétendre dominer le monde depuis 1991 car ils ont gagné la Guerre froide contre l'URSS. Depuis 1991, le monde est dominé par une seule super-puissance.

**4** Selon l'auteur, on ne peut pas dire que la puissance des États-Unis est en déclin car ils restent les plus puissants dans de nombreux domaines. Par exemple, ils restent les plus puissants dans le domaine économique car ils ont « toujours, et de loin le premier PNB mondial » et les entreprises américaines « occupent une position dominante dans de nombreux domaines, notamment dans les nouvelles technologies ». Ils dominent aussi grâce à leur influence culturelle : la « culture populaire (cinéma, musique, etc.) a toujours une position dominante dans le monde. »

> **Gagnez des points !**
> Regroupez les différents exemples de manière thématique pour montrer que vous connaissez les différents aspects de la puissance : économique, financière ou culturelle et technologique.

**5** Selon l'auteur, le *soft power* qui se dit « puissance douce » en français repose sur le pouvoir de persuasion et d'influence sans avoir recours à l'armée et à « des politiques de contraintes » qui constituent le *hard power*, c'est-à-dire « la puissance dure ».

> **Gagnez des points !**
> Montrez que vous connaissez ces notions en les traduisant en français.

**6** Les autres puissances auxquelles fait référence l'auteur sont les puissances émergeantes c'est-à-dire des pays comme la Chine, l'Inde ou le Brésil qu'on désigne parfois par l'acronyme BRICS (Brésil, Russie, Inde, Chine et Afrique du Sud). Avec ces nouvelles puissances, on peut dire que le monde devient un monde multipolaire c'est-à-dire un monde composé de plusieurs pôles de croissance.

> **Gagnez des points !**
> Citez les BRICS pour montrer que vous connaissez cette expression.

# HISTOIRE — Françaises et Français dans une République repensée

## Sujet 19 — La IVe République : de nouveaux droits économiques et sociaux

**Sujet inédit**

### Exercice 1 — Analyser et comprendre un document — 20 pts

**Document 1** ▸ **Extraits du préambule[1] de la constitution de la IVe République en 1946**

Au lendemain de la victoire remportée par les peuples libres sur les régimes qui ont tenté d'asservir[3] et de dégrader la personne humaine, le peuple français proclame à nouveau que tout être humain, sans distinction de race, de religion ni de croyance, possède des droits inaliénables et sacrés. Il réaffirme solennellement les droits et les libertés de l'homme et du citoyen consacrés par la Déclaration des droits de 1789 et les principes fondamentaux reconnus par les lois de la République. Il proclame, en outre, comme particulièrement nécessaires à notre temps, les principes politiques, économiques et sociaux ci-après :
– La loi garantit à la femme, dans tous les domaines, des droits égaux à ceux des hommes […]
– Chacun a le devoir de travailler et le droit d'obtenir un emploi. Nul ne peut être lésé[3], dans son travail ou son emploi, en raison de ses origines, de ses opinions ou de ses croyances.
– Tout homme peut défendre ses droits et ses intérêts par l'action syndicale et adhérer au syndicat de son choix. […]
– La Nation assure à l'individu et à la famille les conditions nécessaires à leur développement. Elle garantit à tous, notamment à l'enfant, à la mère et aux vieux travailleurs, la protection de la santé, la sécurité matérielle[4], le repos et les loisirs. Tout être humain qui, en raison de son âge, de son état physique ou mental, de la situation économique, se trouve dans l'incapacité de travailler a le droit d'obtenir de la collectivité des moyens convenables d'existence. […]

Extrait du préambule de la constitution de la IVe République en 1946.

---

1. Préambule : introduction.
2. Asservir : rendre esclave.
3. Lésé : sanctionné.
4. Sécurité matérielle : avoir des moyens convenables pour vivre.

**1944-1947 : refonder la République, redéfinir la démocratie — Sujet 19**

**Document 2** ▸ Affiche célébrant la création de la Sécurité sociale le 4 octobre 1945

# HISTOIRE — Françaises et Français dans une République repensée

## Questions

**1** Présentez le document 1. Décrivez le contexte historique international dans lequel il est écrit en expliquant la phrase soulignée et en donnant des exemples de régimes qui ont « tenté d'asservir et de dégrader la personne humaine ».

**2** À quel autre texte fait référence le préambule ? À quelle période importante de l'histoire française ce texte a-t-il été écrit ?

**3** Quel droit a déjà été voté en 1944 pour garantir à la femme « des droits égaux à ceux des hommes » ?

**4** Complétez le tableau ci-dessous en relevant tous les nouveaux droits économiques et sociaux et en précisant à chaque fois qui en bénéficie.

| De nouveaux droits | Pour qui ? |
|---|---|
|  |  |
|  |  |
|  |  |
|  |  |

**5** Comment appelle-t-on, d'après le document 2, l'ensemble de ces nouveaux droits économiques et sociaux ? Quel programme avait déjà établi ces nouveaux droits pendant la Seconde Guerre mondiale en France ?

**6** Décrivez le document 2 et dites quel est le but de la Sécurité sociale. D'après vos connaissances, pourquoi est-ce un enjeu important en France après la Seconde Guerre mondiale ?

## Sujet 19 Corrigé

### Les clés pour réussir

▶ **Bien lire le document**

**Identifier sa nature**

Le document 1 est un texte de loi, c'est le préambule c'est-à-dire l'introduction de la constitution de la IVe République fondée en 1946. Dans cette introduction sont rappelés les grands principes qui vont guider les

**1944-1947 : refonder la République, redéfinir la démocratie** — **Corrigé 19**

institutions de la IVe République. Le document 2 est une affiche du gouvernement pour célébrer la création de la Sécurité sociale qui précède de peu la proclamation de la IVe République.

### Repérer les éléments importants du document 1
- Le rappel du contexte historique et de la fin des régimes qui ont voulu la guerre.
- Le rappel des principes fondamentaux de 1789.
- L'énoncé de nouveaux droits sociaux et économiques.

### ▶ Bien comprendre les questions

**Question 1**
- La compétence attendue est d'identifier le document et surtout d'utiliser vos connaissances pour expliquer le contexte historique de 1946, auquel fait allusion la phrase soulignée.
- Vous devez expliciter de quelle victoire il s'agit, dans quel conflit, puis identifier un ou deux régimes dont il est question dans le texte.

**Question 2**
- Le préambule fait clairement référence à un texte très important étudié en Histoire mais aussi en EMC ; la date donnée doit vous permettre de retrouver tout de suite quel grand moment de l'histoire française est attendu dans la réponse.

**Question 3**
- Cette question fait appel à vos connaissances en Histoire mais aussi en EMC, c'est un moment important dans la refondation républicaine après le régime de Vichy.

**Question 4**
- Prélevez les informations pour les classer ensuite dans le tableau. Il ne faut placer que les droits économiques et sociaux c'est-à-dire ceux qui concernent le travail, les revenus ou la santé, pas les droits en général. Ces nouveaux droits s'adressent pour la première fois à des catégories de la population qui sont les plus vulnérables. Prenez soin de préciser qui elles sont à chaque fois, dans la colonne « pour qui ? ».

**Question 5**
- L'information demandée est facile à prélever dans le document 2. Grâce à vos cours, vous savez comment s'appelle le programme élaboré par la Résistance pendant la guerre qui avait prévu ce système de protection sociale.

**Question 6**
- Prenez soin de décrire précisément l'affiche, surtout le paysage derrière les volets ; cela vous aidera à comprendre une des difficultés majeures que traverse la France suite à la Seconde Guerre mondiale.

# HISTOIRE — Françaises et Français dans une République repensée

## Les mots-clés

- **Constitution** : loi fondamentale qui définit l'organisation d'un État, ses principes et ses valeurs.
- **CNR** : Conseil National de la Résistance fondé par Jean Moulin en 1943 pour unifier les différents mouvements de résistance et préparer le retour à la démocratie.
- **Droits économiques et sociaux** : droits dont peut bénéficier tout individu et qui nécessitent la protection et l'action de l'État. On peut citer le droit à la santé, à la retraite ou à l'éducation.
- **GPRF** : Gouvernement Provisoire de la République Française, nom porté par le gouvernement du général de Gaulle de 1944 à 1946.
- **Régime de Vichy** : désigne le gouvernement autoritaire et antisémite du maréchal Pétain qui instaure une politique de collaboration avec l'Allemagne nazie de 1940 à 1944.
- **Résistance** : nom donné à l'ensemble des actions clandestines menées contre l'Allemagne nazie et le régime de Vichy.
- **Sécurité sociale** : système de protection sociale organisé par l'État depuis 1945 dans les domaines de la santé, du chômage, de la famille et de la retraite.
- **Syndicat** : association de travailleurs dont le but est de défendre les intérêts professionnels des salariés.

**1** Le document 1 est composé d'extraits du préambule de la constitution de la IVe République. Elle a été rédigée en 1946, un an après la fin de la Seconde Guerre mondiale. Cette guerre a été gagnée par les Alliés désignés comme « les peuples libres » dans le texte. Ils ont remporté une victoire sur des régimes totalitaires comme l'Allemagne nazie en Europe et le Japon en Asie. Ces deux États, par leur idéologie raciste, ont tenté « d'asservir et de dégrader la personne humaine ». L'Allemagne nazie a commis deux terribles génocides et c'est pourquoi le texte rappelle que « tout être humain, sans distinction de race, de religion ni de croyance, possède des droits inaliénables et sacrés. » Le texte peut aussi viser le régime de Vichy qui s'est rendu complice du génocide des Juifs en Europe, en arrêtant et en déportant plus de 75 000 personnes vers les camps de la mort du IIIe Reich.

> **Gagnez des points !**
> Développez votre réponse grâce à vos connaissances sur la Seconde Guerre mondiale sans toutefois exposer des connaissances sans lien avec le texte.

**1944-1947 : refonder la République, redéfinir la démocratie** — Corrigé 19

**2** Le préambule fait référence à la Déclaration des droits de l'homme et du citoyen rédigée en 1789 lors de la Révolution française et qui est le texte fondateur de la démocratie et de la république en France. Comme ces principes avaient été complètement reniés par le régime de Vichy au pouvoir de 1940 à 1944, le texte les rappelle avec force.

> **Gagnez des points !**
> Rappelez le régime antirépublicain de Vichy pour montrer que vous comprenez pourquoi le préambule rappelle la victoire des Alliés et l'héritage de 1789.

**3** Le droit qui a été obtenu par les femmes en 1944 est le droit de vote qui leur permet de voter pour la première fois en 1945 pour élire l'Assemblée chargée de rédiger cette constitution et ce préambule.

**4**

| De nouveaux droits | Pour qui ? |
| --- | --- |
| Obtenir un emploi | Pour tout le monde sans distinction d'origine, de croyance ou d'opinion |
| Défendre ses droits par l'action syndicale et adhérer à un syndicat | Pour tous les travailleurs |
| Protection de la santé | Pour tous mais notamment pour l'enfant, la mère et les vieux travailleurs |
| Repos, loisirs | Pour tous mais notamment pour l'enfant, la mère et les vieux travailleurs |
| Sécurité matérielle, moyens convenables d'existence | Pour tous mais notamment pour l'enfant, la mère et les vieux travailleurs et celui « qui en raison de son âge, de son état physique ou mental, de la situation économique, se trouve dans l'incapacité de travailler » |

> **L'astuce du prof**
> Sélectionnez les informations pour compléter le tableau ; vous pouvez citer des passages du texte, si vous craignez de mal exprimer ce qu'il veut dire.

**5** Ces nouveaux droits font partie du nouveau système de Sécurité sociale mis en place dès 1945 comme nous le montre l'affiche du document 2. C'est le CNR, le Conseil National de la Résistance qui dès 1944, dans son programme, a eu l'idée de ces différents droits.

> **Gagnez des points !**
> Exposez ce que vous savez sur le CNR et son programme qui est à l'origine de la république sociale.

HISTOIRE

## HISTOIRE — Françaises et Français dans une République repensée

**6** Sur l'affiche, on voit deux mains qui ferment des portes sur une petite maison en très mauvais état où tout est cassé. Derrière cette maison, on voit des ruines qui évoquent la guerre. Le but de la Sécurité sociale est de lutter contre la misère car le slogan de l'affiche dit « Fermons la porte à la misère ». La France, après la Seconde Guerre mondiale, est en partie détruite, notamment ses villes et ses usines ; la population fait face à de nombreux problèmes de ravitaillement, de chômage et surtout de logement.

**1944-1947 : refonder la République, redéfinir la démocratie** — **Sujet 20**

# Sujet 20
## Le programme du CNR

Sujet zéro*

### Exercice 1 — Analyser et comprendre des documents — 20 pts

**Document** — **Le programme du Conseil National de la Résistance, 15 mars 1944**

*Le texte a été diffusé au printemps 1944 dans la clandestinité, par les journaux des mouvements de résistance.*

Née de la volonté ardente des Français de refuser la défaite, la Résistance n'a pas d'autre raison d'être que la lutte quotidienne sans cesse intensifiée. Cette mission de combat ne doit pas prendre fin à la Libération. […] Aussi les représentants des organisations de Résistance, des centrales syndicales et des partis ou tendances politiques groupés au sein du CNR délibérant en assemblée plénière le 15 mars 1944, ont-ils décidé de s'unir sur le programme suivant, qui comporte à la fois un plan d'action immédiate contre l'oppresseur et les mesures destinées à instaurer, dès la libération du territoire, un ordre social plus juste.

**I. Plan d'action immédiate**

Les représentants des organisations de Résistance, des centrales syndicales et des partis ou tendances politiques groupés au sein du CNR […] proclament leur volonté de délivrer la patrie en collaborant étroitement aux opérations militaires que l'armée française et les armées alliées entreprendront sur le continent, mais aussi de hâter cette libération, d'abréger les souffrances de notre peuple, de sauver l'avenir de la France en intensifiant sans cesse et par tous les moyens la lutte contre l'envahisseur et ses agents, commencée dès 1940. […]

**II. Mesures à appliquer dès la libération du territoire**
[…]
4°) Afin d'assurer :
• L'établissement de la démocratie la plus large en rendant la parole au peuple français par le rétablissement du suffrage universel ;

---

\* Le sujet zéro est le modèle de sujet proposé par le Ministère dans le cadre du nouveau Brevet. Il a été publié au *Bulletin Officiel* du 08/04/2016. Les corrigés de ce sujet zéro ont été rédigés par nos auteurs, enseignants au collège.

# HISTOIRE — Françaises et Français dans une République repensée

• La pleine liberté de pensée, de conscience et d'expression ;
• La liberté de la presse, son honneur et son indépendance à l'égard de l'État, des puissances d'argent et des influences étrangères ;
• La liberté d'association, de réunion et de manifestation [...]
• L'égalité absolue de tous les citoyens devant la loi ;

5°) Afin de promouvoir les réformes indispensables :
[...]
Sur le plan social :
• Le droit au travail et le droit au repos, notamment par le rétablissement et l'amélioration du régime contractuel du travail ;
[...]
• Un plan complet de sécurité sociale, visant à assurer à tous les citoyens des moyens d'existence, dans tous les cas où ils sont incapables de se les procurer par le travail [...] ;
• Une retraite permettant aux vieux travailleurs de finir dignement leurs jours ;
[...]
En avant donc, dans l'union de tous les Français rassemblés autour du CFLN[1] et de son président, le général de Gaulle ! En avant pour le combat, en avant pour la victoire, afin que vive la France !

---

**1.** Comité Français de Libération Nationale, remplacé le 3 juin 1944 par le Gouvernement Provisoire de la République française.

## Questions

**1** Identifiez les auteurs du texte.

**2** Pourquoi le programme d'action du Comité National de la Résistance daté du 15 mars 1944 a-t-il été adopté dans la clandestinité ? Expliquez la phrase soulignée en quelques lignes en faisant appel à vos connaissances.

**3** Comment expliquer que le général de Gaulle soit mentionné dans le dernier paragraphe ?

**4** Relevez et classez les réformes prévues par le CNR dans le tableau suivant :

| Les projets de réformes du CNR après la libération du territoire ||
|---|---|
| Sur le plan des droits et des libertés | Sur le plan social |
|  |  |
|  |  |
|  |  |
|  |  |

**5** À partir de deux exemples précis, relevés dans le texte, montrez que le programme du CNR a été appliqué à partir de 1944.

# 1944-1947 : refonder la République, redéfinir la démocratie — Corrigé 20

## Sujet 20 — Corrigé

### Les clés pour réussir

▶ **Bien lire le document**

**Identifier sa nature**

● Ce document est composé d'extraits du programme du Conseil national de la Résistance rédigé le 15 mars 1944 et diffusé dans les journaux clandestins des mouvements de résistance au printemps 1944. C'est ce programme qui **va servir de base à la reconstruction de la France après la Seconde Guerre mondiale**.

**Repérer les éléments importants**

● **L'introduction**, qui permet d'identifier les auteurs et les buts de ce programme.
● **La première partie** du programme, qui explique les actions à mener.
● **La deuxième partie**, qui détaille certaines des mesures à appliquer pour rétablir la République et reconstruire la France.
● Le dernier paragraphe qui fait référence au futur gouvernement de la France et à son chef.

▶ **Bien comprendre les questions**

**Question 1**

● Pour répondre à cette question, vous pouvez citer le document ou vous aider du document, mais vous pouvez aussi utiliser vos connaissances personnelles sur le CNR.

**Question 2**

● Vous devez mobiliser vos connaissances pour comprendre et expliquer à **quelle action militaire importante des Alliés** fait référence le document.

**Question 3**

● Le document explique pourquoi le général de Gaulle est important mais vous devez aussi utiliser vos connaissances pour expliquer le lien entre le CNR et le général de Gaulle. Ne faites pas de confusion sur le terme de « président » qui, à cette date, ne désigne en rien le président élu de la France.

**Question 4**

● Le tableau proposé reprend le classement des différentes mesures exposées dans le programme, il est donc facile et logique à compléter.

# HISTOIRE — Françaises et Français dans une République repensée

### Question 5
- Cette question vous demande de mesurer la portée de ce document : vous devez répondre en donnant des exemples de mesures prises à partir de 1944, mais vous pouvez également souligner l'importance de ces mesures aujourd'hui grâce à vos leçons d'EMC.

### Les mots-clés

- **CNR** : Conseil national de la Résistance créé par Jean Moulin en 1943 pour unifier les différents mouvements de la Résistance et préparer le retour à la démocratie.
- **Résistance** : ensemble des mouvements qui combattent l'Allemagne nazie et le régime de Vichy.
- **Libération** : libérer la France de l'occupation de l'armée allemande.
- **Journaux clandestins** : journaux écrits, imprimés et diffusés en secret par les différents mouvements de la Résistance.
- **Démocratie** : système politique dans lequel les citoyens ont le pouvoir et disposent de droits et de libertés (expression, penser, information, réunion, association…).
- **Suffrage universel** : élection à laquelle tous les citoyens et citoyennes peuvent participer.

- **Sécurité sociale** : protection sociale organisée par l'État dans les domaines de la santé, du chômage, de la famille ou encore de la retraite.
- **GPRF** : Gouvernement Provisoire de la République Française, nom porté par le gouvernement du général de Gaulle de 1944 à 1946. Il succède au CFLN.
- **Général de Gaulle** : général de l'armée française qui refuse la défaite et lance le 18 juin 1940 un appel à la résistance depuis Londres. Unifie ensuite tous les mouvements de la Résistance sous son autorité et met en place le CNR pour coordonner leurs actions. Prend le pouvoir en France de 1944 à 1946.

**1** Les auteurs du texte sont les membres du CNR, c'est-à-dire du Conseil national de la Résistance. Ce conseil est composé « des représentants des différentes organisations de la Résistance, des centrales syndicales et des partis ou tendances politiques ». C'est le résistant Jean Moulin qui est le fondateur du CNR mais il a été tué par les nazis en 1943.

> **Gagnez des points !**
> Mobilisez vos connaissances sur le CNR pour mentionner Jean Moulin et le rôle important qu'il a joué dans la création de ce conseil.

**2** Le programme d'action du CNR est adopté dans la clandestinité car le 15 mars 1944, toute la France est encore occupée par l'Allemagne nazie.

# 1944-1947 : refonder la République, redéfinir la démocratie — Corrigé 20

La phrase soulignée nous montre que le CNR attend les « opérations militaires que l'armée française et les armées alliées entreprendront sur le continent ». En effet, le 6 juin 1944, peu de temps après la parution de ce texte, a lieu le débarquement des Alliés en Normandie ; la libération de la France commence alors et la Résistance y participe activement.

> **Gagnez des points !**
> Mobilisez vos connaissances pour expliquer que de Gaulle est le chef de la Résistance puis du nouveau gouvernement qui dirige la France à partir de juin 1944. Ne vous contentez pas de recopier le document.

**3** Le général de Gaulle est mentionné dans le dernier paragraphe car c'est le chef de la Résistance, c'est lui qui l'a unifiée sous son autorité et qui a eu l'idée du CNR. Cela explique pourquoi il devient ensuite le président du CFLN puis du GPRF, le Gouvernement Provisoire de la République Française. Autrement dit, à partir de juin 1944, il est le dirigeant de la France.

**4**

| Les projets de réformes du CNR après la libération du territoire ||
|---|---|
| **Sur le plan des droits et des libertés** | **Sur le plan social** |
| Établissement de la démocratie par le rétablissement du suffrage universel | Droit au travail et droit au repos |
| Pleine liberté de pensée, de conscience, d'expression | Un plan complet de sécurité sociale visant à assurer à tous les citoyens des moyens d'existence |
| Liberté de la presse | Une retraite permettant aux vieux travailleurs de finir dignement leurs jours |
| Liberté d'association, de réunion et d'information | |

**5** Le programme du CNR a été appliqué car dès 1944, le GPRF donne le droit de vote aux femmes et établit pour la première fois en France le suffrage universel lors des élections de 1945. Cette même année, le GPRF met en place la Sécurité sociale, une protection sociale pour tous, notamment les plus fragiles : les malades, les vieux travailleurs, les familles…

> **L'astuce du prof**
> Attention, le droit du travail et le droit au repos, malgré leur intitulé, sont bien à classer dans les mesures sociales du CNR.

> **L'astuce du prof**
> Appuyez-vous sur les repères historiques de la leçon pour retrouver les deux exemples précis d'application du programme du CNR.

# HISTOIRE — Françaises et Français dans une République repensée

## Sujet 21 : La V<sup>e</sup> République à l'épreuve de l'alternance

*Sujet inédit*

**Exercice 2** Maîtriser différents langages     **20 pts**

**1** Sous la forme d'un développement construit d'une vingtaine de lignes, en vous appuyant sur des exemples précis, décrivez les principales caractéristiques de la V<sup>e</sup> République puis la politique menée par son fondateur, le général de Gaulle.

**2** Complétez la frise ci-dessous :
**a.** Placez les années de la présidence du général de Gaulle.
**b.** Placez ces présidents de la V<sup>e</sup> République en inscrivant leurs noms au bon endroit dans la frise : François Mitterrand, Jacques Chirac et François Hollande.
**c.** Coloriez en rouge une présidence qui illustre l'alternance pendant la V<sup>e</sup> République.
**d.** Placez une période de cohabitation dans la frise en indiquant les années de début et de fin et le nom du Premier ministre.

**Document** La V<sup>e</sup> République à l'épreuve de l'alternance

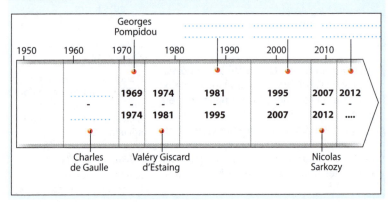

# Sujet 21 Corrigé

## Les clés pour réussir

### Bien comprendre les consignes

**Consigne 1**
- La consigne vous demande de connaître les caractéristiques d'une description en histoire pour rédiger un développement d'une vingtaine de lignes. Il faut donc être méthodique et réussir à organiser vos connaissances pour les présenter de manière structurée et cohérente.
- La description de la V$^e$ République doit commencer par sa mise en place par le général de Gaulle.
- Vous devez décrire la politique de grandeur de ce dernier permise par les institutions de la V$^e$ République. → Fiche 9

**Consigne 2**
- Il faut compléter la frise chronologique avec les différentes présidences que vous devez savoir replacer dans le bon ordre, quelques présidents devant être pour vous des repères historiques à connaître précisément.
- Vous devez maîtriser les notions de la leçon, alternance et cohabitation pour pouvoir les placer sur la frise. Il y a eu trois cohabitations sous la V$^e$ République ; placez celle dont vous connaissez le mieux les dates.

## Les mots-clés

Régime présidentiel • Régime parlementaire • Référendum • Accords d'Évian • Coup d'État • Constitution • Suffrage universel • Politique de grandeur • Force de dissuasion nucléaire • OTAN • Construction européenne • Influence américaine • Conservateur • Crise de mai 1968
→ lexique

**1** En 1958, après une tentative de coup d'État menée par les généraux en Algérie, de Gaulle apparaît comme le seul homme capable de redresser la situation. Il est rappelé au pouvoir et fonde une nouvelle République : la V$^e$ République.

**L'astuce du prof**
Utilisez vos connaissances d'EMC pour compléter votre description de la V$^e$ République.

La constitution proposée par de Gaulle est approuvée par les Français lors d'un référendum. Elle donne l'essentiel des pouvoirs au président de la république. La V$^e$ République est donc un régime présidentiel. Le rôle du président est encore renforcé à partir de 1962 quand de Gaulle met en place l'élection du président au suffrage universel direct.

# HISTOIRE — Françaises et Français dans une République repensée

Le rôle du président selon de Gaulle est de redonner sa grandeur et sa puissance à la France. Critiquée et affaiblie par la guerre d'Algérie, celle-ci doit mettre fin rapidement à ce conflit. De Gaulle signe donc les Accords d'Évian avec le FLN. Il entame aussi une politique d'indépendance vis-à-vis des États-Unis en se retirant du commandement militaire de l'OTAN et en se dotant d'une force de dissuasion nucléaire propre. Il se rapproche au contraire des autres pays européens notamment de l'Allemagne dans le cadre de la construction européenne.

> **Gagnez des points !**
> Placez ici des connaissances sur le contexte de la guerre d'Algérie ou de la Guerre froide sans toutefois tomber dans le hors-sujet.

Réélu en 1965, de Gaulle doit affronter trois ans plus tard la révolte des étudiants qui le jugent trop conservateur et surtout trop autoritaire. Lorsque les ouvriers rejoignent les étudiants en mai 1968, de Gaulle doit faire face pour la première fois à une grave crise sociale qui remet en cause son gouvernement. Affaibli, il décide de quitter le pouvoir en 1969.

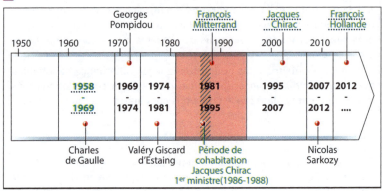

# Sujet 22 — Mouvement démocratique féminin

Amérique du Nord, juin 2017

**Exercice 1** — Analyser et comprendre des documents — 20 pts

**Document** : Tract du Mouvement démocratique féminin, diffusé à Paris en juin 1968

*Depuis le début du mois de mai 1968, les étudiants manifestent contre le gouvernement du président de Gaulle.*

Étudiante,

Tu as été sur les barricades, la police t'a chargée et matraquée comme les étudiants, tes camarades.

Tu participes aux discussions, aux travaux des commissions, aux grandes manifestations populaires. Des lycées de filles, des instituts féminins ont parfois entraîné les autres établissements et, parmi les dix millions de grévistes, les travailleuses tiennent aussi leur place.

Or, au cours de ces journées décisives, soit dans les grands rassemblements, soit à la radio ou à la télévision, aucune femme n'est apparue comme porte-parole. Dans les pourparlers entre syndicats, patronat et gouvernement, nul n'a réclamé formellement l'égalité de rémunération entre travailleuses et travailleurs, nul n'a envisagé la création de services collectifs et de crèches pour soulager les femmes de leur double journée de travail.

Dans l'immense débat qui s'est instauré à travers tout le pays, dans la grande remise en cause des structures et des valeurs, aucune voix ne s'élève pour déclarer que le changement des rapports entre les hommes implique aussi le changement des rapports entre les hommes et les femmes. Les étudiants et les jeunes veulent une morale identique pour les filles et les garçons. C'est un aspect du changement. Ce n'est qu'un aspect. [...] Il faut que la société qui va se construire soit l'œuvre des femmes aussi bien que des hommes, qu'elle donne à toutes les femmes des chances égales à celles des hommes.

Si tu es d'accord là-dessus qu'es-tu disposée à faire ? Viens en discuter avec nous.

Christine Fauré, *Mai 68 jour et nuit*, 2008.

# HISTOIRE — Françaises et Français dans une République repensée

## Questions

**1** Quelle est la nature de ce document ? À qui est-il destiné ?

**2** Relevez au moins deux inégalités hommes-femmes mentionnées dans le document.

**3** Quels éléments du texte montrent l'engagement politique et syndical des femmes au moment des événements de Mai 1968 ?

**4** Quel droit politique a été acquis par les femmes avant 1968 et n'est pas mentionné dans le texte ?

**5** En vous appuyant sur vos connaissances, proposez trois exemples d'évolutions qui ont changé la situation des femmes depuis 1968.

## Sujet 22 Corrigé

### Les clés pour réussir

#### ▶ Bien lire le document

**Identifier sa nature**

- Un tract est un papier que l'on distribue pour **informer** ou **mobiliser** la population. Ici, il s'agit d'un tract du mouvement démocratique féminin, c'est-à-dire un tract **féministe**. Le féminisme est un mouvement social qui se développe à la fin des années 1960 et qui réclame une **égalité entre les femmes et les hommes** dans tous les domaines.

**Repérer les éléments importants**

- La **présentation** du tract qui situe le **contexte historique** dans lequel il a été écrit.
- Le **début** du tract qui montre **à qui il s'adresse**, ainsi que le **tutoiement**, qui expliquent pourquoi tout est accordé au féminin.
- Les **trois parties** qui correspondent à **l'engagement des femmes** pendant Mai 68, leurs critiques et leurs revendications.

#### ▶ Bien comprendre les questions

**Question 1**

- Quand on demande la nature d'un document, il faut dire de quel **type** de document il s'agit (une carte, un tableau, une image, un texte…), en étant le plus précis possible (quel type de carte ? quel type de texte ?). Pour savoir à qui il est destiné, il faut repérer à qui il s'adresse.

**Question 2**

- On vous demande ici de « relever » deux inégalités hommes-femmes. Vous devez donc prélever dans le texte des **extraits** qui montrent des

**Femmes et hommes dans la société des années 1950... Corrigé 22**

inégalités. N'oubliez pas de mettre des guillemets en les citant. Les informations répondant à cette question se trouvent principalement dans le paragraphe commençant par « Or ».

### Question 3
- Là encore il s'agit de prélever des informations dans le texte qui montrent **l'engagement** des femmes pendant les événements de Mai 68. Cette fois-ci, c'est le début du texte qui contient les éléments pour répondre à cette question.

### Question 4
- Pour cette question, il vous faut faire le **lien** avec le chapitre du programme intitulé : **« 1944-1947 : refonder la République, redéfinir la démocratie »**. Le document ne vous permet pas de répondre à cette question. Il vous faut donc utiliser vos connaissances.

### Question 5
- La dernière question vous demande de vous appuyer sur des **connaissances personnelles** issues du dernier chapitre d'Histoire du programme : **« Femmes et hommes dans la société des années 1950 aux années 1980 : nouveaux enjeux sociaux et culturels, réponses politiques »**.
- Il s'agit de décrire trois évolutions, c'est-à-dire **trois changements dans la situation des femmes** depuis 1968. Ces changements peuvent être des lois, mais pas nécessairement. La consigne est très large. Vous pouvez aussi vous appuyer sur vos connaissances d'EMC pour décrire une réduction des inégalités entre les femmes et les hommes en France dans les domaines professionnel, familial, social, scolaire...

## Les mots-clés

- **Barricades** : entassement de matériaux (pavés, poutres...) destinés à bloquer les rues et à se protéger lors d'insurrections ou de révoltes populaires.
- **Féminisme** : mouvement cherchant à défendre les droits et la cause des femmes dans la société.
- **Syndicat** : association de personnes qui défend les droits des travailleurs.
- **Pourparlers** : négociations, discussions.
- **Rémunération** : salaire.
- **Double journée de travail** : expression qui met l'accent sur le fait que ce sont les femmes qui prennent en charge l'immense majorité des tâches ménagères en plus de leur journée de travail.

## HISTOIRE — Françaises et Français dans une République repensée

**1** Ce document est un tract du Mouvement démocratique féminin diffusé à Paris en juin 1968. Il est destiné aux étudiantes qui participent aux manifestations contre le gouvernement du général de Gaulle depuis le début du mois de mai 1968.

> **Gagnez des points !**
> Citez la date et le lieu de diffusion de ce tract, ce qui permet de mieux situer le contexte.

**2** Plusieurs inégalités hommes-femmes apparaissent dans ce document :
– « Au cours de ces journées décisives […], aucune femme n'est apparue comme porte-parole. »
– « Nul n'a réclamé formellement l'égalité de rémunération entre travailleuses et travailleurs. »
– « Nul n'a envisagé la création de services collectifs et de crèches pour soulager les femmes de leur double journée de travail. »

**3** Pendant les événements de Mai 68, les femmes se sont engagées politiquement et syndicalement. Le texte cite plusieurs exemples de cet engagement :
– « Tu as été sur les barricades. »
– « Tu participes aux discussions, aux travaux des commissions, aux grandes manifestations populaires. »
– « Des lycées de filles, des instituts féminins ont parfois entraîné les autres établissements. »
– « Parmi les dix millions de grévistes, les femmes tiennent aussi leur place. »

> **L'astuce du prof**
> Comme pour la question 2, il s'agit en fait de relever des éléments du texte.

**4** Le droit politique acquis par les femmes avant 1968 est le droit de vote, obtenu en 1944 lors de la refondation républicaine qui suit la Libération de la France.

> **Gagnez des points !**
> Précisez dans quel contexte les femmes ont obtenu le droit de vote pour exposer vos connaissances sur ce sujet.

**5** Depuis 1968, la situation des femmes a beaucoup changé dans la société française :
– La mixité, qui se généralise dans les établissements scolaires au cours des années 1970, permet aux jeunes femmes de bénéficier du même enseignement que les jeunes garçons et donc d'avoir « des chances égales à celles des hommes ».
– La légalisation de la contraception, puis de l'avortement en 1975 permet enfin aux femmes de disposer librement de leurs corps et donc d'obtenir « une morale identique pour les filles et les garçons ».
– La loi Roudy en 1983 tente d'établir une parité et une égalité entre les femmes et les hommes dans le domaine professionnel, afin de réduire les écarts de salaires et de changer les « rapports entre les hommes et les femmes ».

> **L'astuce du prof**
> Essayez de lier les exemples que vous donnez à des citations du texte.

# Sujet 23 — Les aires urbaines en France

Liban, juin 2017

## Exercice 1 — Analyser et comprendre des documents — 20 pts

### Document 1 — Un exemple de mobilité au quotidien

D'après J.-B. Bouron et P.-M. Georges, *Les Territoires ruraux en France*, 2015.

### Document 2 — Des Français hyper-mobiles

L'augmentation des vitesses qui favorise les déplacements a permis une dissociation des lieux de vie et d'habitat, de travail, de consommation et de loisirs. Chaque individu va ainsi pouvoir construire son territoire au sens d'espace de vie. Ce territoire va pouvoir varier au cours du temps.

# GÉOGRAPHIE — Dynamiques territoriales de la France contemporaine

> C'est à l'échelle locale que les transformations sont les plus visibles […]. Certains individus vivent à l'échelle de leur quartier quand d'autres parcourent chaque jour des dizaines de kilomètres pour se rendre à leur travail. Pour certains, les déplacements domicile-travail se font entre des villes distantes de plusieurs centaines de kilomètres : ils « navettent » grâce au train à grande vitesse ou à l'avion.
>
> « La France, une géographie en mouvement », Magali Reghezza-Zitt, *La documentation photographique*, n° 8096, 2013.

## Questions

**Document 1**

**1** Identifiez le lieu où Juliette et Xavier ont habité et le lieu où ils habitent aujourd'hui.

**2** Expliquez deux raisons de ce changement de lieu de vie.

**3** Relevez une contrainte liée à ce choix de lieu de vie.

**Documents 1 et 2**

**4** Sélectionnez la proposition qui caractérise le mieux les déplacements de Xavier. Recopiez-la et justifiez votre choix.
– Proposition A : « Certains individus vivent à l'échelle de leur quartier. »
– Proposition B : « D'autres parcourent chaque jour des dizaines de kilomètres pour se rendre à leur travail. »
– Proposition C : « Pour certains, les déplacements domicile-travail se font entre des villes distantes de plusieurs centaines de kilomètres. »

**5** Expliquez pourquoi les mobilités favorisent la croissance des aires urbaines.

## Sujet 23 — Corrigé

### Les clés pour réussir

**▶ Bien lire les documents**

**Identifier leur nature**

● Le dossier est composé de deux documents. Le document 1 est une **carte légendée** accompagnée d'un encadré contenant les témoignages d'un couple de périurbains dans l'aire urbaine de Lyon. Le document 2 est un **extrait de texte** écrit par une géographe en 2013, décrivant les mobilités des Français.

# Les aires urbaines, une nouvelle géographie... Corrigé 23

### Repérer les éléments importants
- **Dans le document 1 :**
– les bulles sur la carte qui présentent le lieu de domicile et les lieux de travail de Xavier et de Juliette ;
– l'encadré à gauche qui explique pourquoi Juliette et Xavier ont fait le choix d'habiter dans la couronne périurbaine ;
– la légende qui permet de mieux situer les différents espaces et de mieux comprendre les déplacements de Xavier et Juliette.
- **Dans le document 2 :**
– le premier paragraphe qui explique la dissociation des lieux d'habitat et de travail ;
– le second paragraphe qui explique que certains individus font le choix de limiter leurs déplacements quand d'autres ne cessent de les rallonger.

### ▶ Bien comprendre les questions
**Question 1**
- Attention de bien lire la consigne. Il s'agit d'abord de trouver où ils habitaient **par le passé**. Vous pouvez trouver cette information dans les **témoignages** de Xavier et de Juliette. Ensuite, on vous demande de trouver où ils habitent **aujourd'hui**. Pour cela vous devez bien **observer la carte et sa légende** pour trouver le figuré qui correspond à leur lieu de vie.

**Question 2**
- Il s'agit ici de relever dans les témoignages **deux raisons** qui expliquent leur changement de lieu de vie. Vous pouvez trouver plusieurs raisons dans les **témoignages**, mais aussi sur la carte **dans la bulle qui présente leur domicile**.

**Question 3**
- Une **contrainte** est un inconvénient, **un élément négatif lié à leur choix, qui rend leur vie plus difficile**. Cette contrainte est visible **dans les bulles** qui présentent les lieux de travail de Xavier et de Juliette, mais aussi dans leur **témoignage**.

**Question 4**
- Attention de bien sélectionner la bonne proposition, mais aussi de la recopier avec ses guillemets. La question porte sur les déplacements de **Xavier** et pas sur ceux de Juliette. Une fois la proposition trouvée, vous devez **justifier votre choix** : il s'agit donc de trouver dans le document 1 une information qui vérifie ce qu'affirme la proposition que vous avez choisie.

**Question 5**
- Pour cette question, vous devez utiliser vos **connaissances personnelles**. Le document 2 ne cite pas les notions essentielles étudiées en cours. Commencez par définir les termes de la question : « mobilités » et « croissance des aires urbaines ». La croissance des aires urbaines ne désigne pas la croissance de leur population ou de leur richesse, mais leur extension.

GÉOGRAPHIE

## GÉOGRAPHIE — Dynamiques territoriales de la France contemporaine

### Les mots-clés

- **Aire urbaine** : ensemble formé par une ville, ses banlieues et les communes périurbaines dont au moins 40 % des habitants travaillent dans la ville-centre et ses banlieues.
- **Ville-centre** : ville au centre d'une aire urbaine.
- **Banlieues** : communes d'une aire urbaine situées en périphérie immédiate de la ville-centre.
- **Couronne périurbaine** : communes d'une aire urbaine située en périphérie du pôle urbain (ville-centre et banlieues).
- **Mobilités** : différents déplacements de population à l'intérieur d'un territoire.
- **Migrations pendulaires** : déplacements quotidiens des actifs entre leur lieu de vie et leur lieu de travail.
- **Périurbanisation** : urbanisation de la périphérie des villes.
- **Étalement urbain** : extension de la ville sur l'espace rural.
- **Bassins d'emploi** : espaces où se concentrent de nombreux emplois.
- **Agglomérations** : pôles urbains (villes et banlieues).

**1** Juliette et Xavier ont habité dans la ville-centre de Lyon avant la naissance de leur premier enfant. Depuis, ils ont emménagé dans une maison de village située en Isère, à l'Est de Lyon.

**2** Ce changement de lieu de vie s'explique par une « envie de campagne », mais « pas isolée » ; et aussi par « le prix de l'immobilier, moins cher » car Juliette et Xavier ont eu un enfant et ont besoin d'espace.

> **Gagnez des points !**
> Expliquez les raisons en fonction de la situation familiale de Juliette et Xavier.

**3** La contrainte principale liée à ce choix de vie est l'allongement des temps de trajet entre leur domicile et leurs lieux de travail. Ces migrations pendulaires sont très longues : 3 h 20 en train et en voiture pour Juliette et 80 minutes de voiture pour Xavier.

> **Gagnez des points !**
> Citez le terme de « migrations pendulaires » et appuyez-vous sur les durées de trajet de Juliette et Xavier.

**4** La proposition qui caractérise le mieux les déplacements de Xavier est la proposition B : « D'autres parcourent chaque jour des dizaines de kilomètres pour se rendre à leur travail. » En effet il fait 70 km par jour aller-retour entre son domicile et son lieu de travail à Villefontaine.

> **L'astuce du prof**
> Commencez par donner la bonne proposition, puis n'oubliez pas de justifier votre choix à l'aide du kilométrage donné par le document 1.

**Les aires urbaines, une nouvelle géographie... Corrigé 23**

**5** Les mobilités – c'est-à-dire les déplacements de population – dans les aires urbaines sont favorisées par la grande diversité des offres de moyens de transport et l'augmentation des vitesses de déplacement. Des autoroutes et des voies ferrées relient la ville-centre aux banlieues et aux communes de la couronne périurbaine. Comme ces espaces sont mieux reliés entre eux et que les prix de l'immobilier dans la ville-centre ne cessent d'augmenter, les habitants des aires urbaines font le choix, comme Juliette et Xavier, de s'éloigner de la ville-centre et de s'installer dans un village de la couronne périurbaine. C'est pourquoi les aires urbaines s'étalent de plus en plus sur les campagnes : c'est le phénomène de périurbanisation.

> **L'astuce du prof**
>
> Pensez à utiliser le vocabulaire géographique appris en cours. Vous devez impérativement parler de « périurbanisation » et d'« étalement urbain ».

# GÉOGRAPHIE — Dynamiques territoriales de la France contemporaine

## Sujet 24 — L'évolution des espaces industriels en France

*Sujet inédit*

**Exercice 2** — Maîtriser différents langages — **20 pts**

**Document** — Organisation et dynamique des espaces industriels français

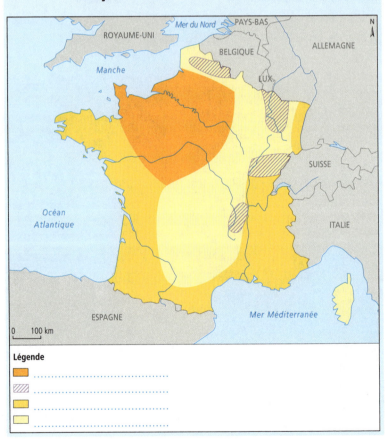

Légende :
- ▨ (orange) ............................................
- ▨ (hachuré violet) ............................................
- ▨ (jaune foncé) ............................................
- ▨ (jaune clair) ............................................

**Les espaces productifs et leurs évolutions** Corrigé 24

**1** Sous la forme d'un développement construit d'une vingtaine de lignes, décrivez et expliquez l'évolution du système productif français en vous appuyant sur l'exemple des espaces de production industrielle.

**2** Complétez la légende de ce croquis en choisissant parmi les propositions suivantes celle qui convient à chaque figuré, puis donnez-lui un titre.
A. Espaces peu industrialisés en dehors de quelques centres isolés
B. Cœur industriel du pays
C. Périphéries dynamiques et activités de haute technologie
D. Ancienne région industrielle en conversion.

## Sujet 24 Corrigé

### Les clés pour réussir

#### Bien comprendre les consignes

**Consigne 1**
- Respectez l'articulation de la consigne en deux temps : *décrire* (faire état d'une situation donnée) puis *expliquer* (fournir les clés pour comprendre la situation).
- Le sujet porte sur « l'évolution du système productif ». Attention à ne pas le traiter sous un angle historique ; en géographie, il faut privilégier une approche spatiale.
- Veillez à rester bien centré sur l'exemple des espaces de production industrielle.

**Consigne 2**
- Respectez l'ordre suggéré pour répondre : identifiez d'abord la lettre correspondant à chaque figuré en utilisant un crayon à papier puis déterminez le titre une fois le croquis complété.
- Le titre choisi doit faire sens : il faut guider le lecteur vers l'information essentielle. Il est inutile de commencer par « Croquis de... ».

### Les mots-clés

Système productif ● Désindustrialisation ● Délocalisation ● Métropolisation ● Facteurs de localisation ● Technopôle ● Interface ● Productivité
→ lexique

**GÉOGRAPHIE**

# GÉOGRAPHIE — Dynamiques territoriales de la France contemporaine

**1** Le **système productif** désigne l'ensemble des activités agricoles, industrielles ou de services présentes sur le territoire national. Leur géographie a considérablement évolué au fil de ces dernières années comme en témoigne la transformation en profondeur des espaces de production industrielle en France.

La France est la 7e puissance industrielle du monde. La production a doublé en un quart de siècle grâce à d'importants gains de **productivité**. Le pays compte quelques secteurs d'excellence (aéronautique, chimie...). Pourtant, l'industrie a perdu 2 millions d'emplois depuis les années 1970. Les **délocalisations** et la transformation des conditions de production (informatisation, robotisation) expliquent cette **désindustrialisation** relative. Elle est particulièrement importante dans les régions de tradition industrielle comme le Nord et la Lorraine qui sont soumises à des difficultés économiques et sociales de grande ampleur.

Le passage d'une logique nationale à une logique européenne et mondiale a amplifié le déclin des espaces industriels les moins compétitifs. Il s'est traduit par la redistribution de l'industrie au profit des périphéries littorales (Atlantique, Méditerranée) et des régions frontalières les plus proches des grands foyers industriels européens (Alsace, région lyonnaise). Il a mis en valeur certaines interfaces comme les zones industrialo-portuaires du Havre et de Fos-sur-Mer.

> **L'astuce du prof**
> On peut désigner les territoires qui connaissent un recul important de l'industrie par d'autres appellations : « régions anciennement industrialisées », « régions en reconversion »...

Les facteurs de localisation de l'industrie ont en effet profondément changé. Autrefois liée à la proximité des matières premières et des sources d'énergie, l'implantation de l'industrie repose désormais sur la présence d'une main d'œuvre hautement qualifiée (ingénieurs, techniciens) et sur l'existence de réseaux de transport performants. C'est donc dans les métropoles comme Bordeaux, Toulouse ou Montpellier que les activités industrielles les plus compétitives se développent désormais. Elles se concentrent en particulier dans les technopôles, là où les relations avec les universités et les laboratoires de recherche favorisent l'innovation et la croissance économique.

> **Gagnez des points !**
> Insérez la définition d'un technopôle dans votre développement pour montrer que vous maîtrisez bien le lexique de la discipline.

La métropolisation de l'industrie française est représentative de l'évolution du système productif français dans son ensemble : cette tendance s'observe aussi dans le secteur des services et contribue à renforcer la domination des grandes aires urbaines sur tout le territoire national.

## Les espaces productifs et leurs évolutions — Corrigé 24

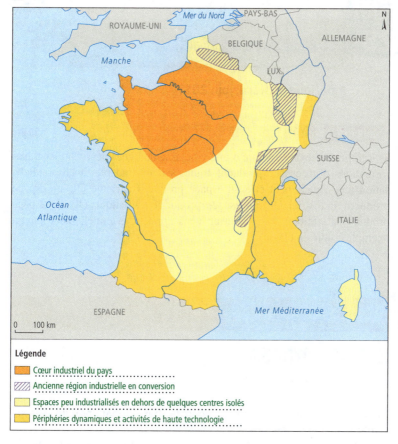

GÉOGRAPHIE    Dynamiques territoriales de la France contemporaine

# Sujet 25 — Les espaces agricoles

Amérique du Nord, juin 2017

**Exercice 2** Maîtriser différents langages — 20 pts

**1** Rédigez un texte structuré d'une vingtaine de lignes décrivant les transformations d'un espace productif français pour s'adapter à la mondialisation (cet espace peut être un espace productif agricole OU un espace productif industriel OU un espace productif touristique OU un espace productif d'affaires). Vous pourrez vous appuyer éventuellement sur un exemple étudié en classe.

## Sujet 25 Corrigé

### Les clés pour réussir

**▶ Bien comprendre les consignes**

**Consigne 1**

- La consigne vous demande de décrire les **transformations d'un espace productif pour s'adapter à la mondialisation**.

- Vous devez rédiger un texte structuré, c'est-à-dire un **développement construit**. Votre texte doit donc comporter une introduction, plusieurs parties et une conclusion. Au brouillon, organisez vos connaissances et vos exemples, sans nécessairement rédiger.

- Attention de bien **lire le sujet** : on vous demande de choisir **un seul type d'espace productif** : SOIT un espace industriel, SOIT un espace agricole, SOIT un espace touristique, SOIT un espace d'affaires. Vous avez donc le choix, mais vous ne devez pas mélanger ces différents types d'espaces productifs. Nous avons choisi de traiter des espaces agricoles, car ils ont dû profondément se transformer pour s'adapter à la mondialisation.

- Appuyez-vous sur un exemple traité en cours. On attend de vous que vous citiez au moins un espace précis, lié à une activité économique que vous devez décrire. → Fiche 11

**Les espaces productifs et leurs évolutions** — **Corrigé 25**

### Les mots-clés

● Espace productif ● Mondialisation ● Innovation ● Productivité ● Mécanisation ● Spécialisation ● Réseaux de transports ● Métropole ● Industrie agroalimentaire ● Agriculture productiviste ● Agriculture biologique ● Agriculture raisonnée

**1** En France, les espaces productifs, des espaces aménagés pour produire de la richesse, ont dû se transformer pour s'adapter à la mondialisation. Quelles sont ces transformations dans un espace productif agricole ?

Pour s'adapter à la mondialisation, les espaces productifs agricoles ont augmenté leur productivité en s'appuyant d'abord sur des innovations technologiques. Les agriculteurs utilisent de plus en plus de machines : c'est la mécanisation. Dans les exploitations laitières du Grand Ouest, les trayeuses mécaniques permettent aux exploitants agricoles de posséder d'immenses troupeaux de vaches laitières. De la même manière, ils utilisent de plus en plus de produits chimiques et de médicaments pour augmenter leur production et leur productivité. La mondialisation pousse également les espaces productifs agricoles à se spécialiser toujours davantage. Ainsi, le Grand Ouest se tourne aujourd'hui presqu'exclusivement vers l'élevage intensif de vaches laitières, sélectionnées pour leur productivité.

Pour être compétitifs dans la mondialisation, les espaces agricoles doivent être bien reliés aux grands réseaux de transport et de communication. Ainsi, ceux qui sont proches des grandes métropoles, des grands axes routiers, des voies ferrées et des aéroports sont favorisés par rapport aux espaces de montagne ou du centre de la France, plus isolés. Cette bonne insertion dans les réseaux de transports permet à ces espaces productifs d'accueillir des usines agroalimentaires qui transforment les produits agricoles en produits industriels avant de les exporter partout en Europe et dans le monde. Dans le Grand Ouest, une véritable filière agroalimentaire s'est mise en place avec l'implantation de grandes FTN comme Danone qui transforment le lait en produits laitiers, par exemple des yaourts ou du lait en poudre, destinés au marché mondial.

D'autres espaces agricoles répondent à la concurrence mondiale par des choix radicalement opposés à l'agriculture productiviste. C'est le cas des espaces se spécialisant dans l'agriculture biologique ou

> **L'astuce du prof**
> Prenez le temps de définir les termes du sujet (espace productif et mondialisation), au moins sur votre brouillon.

> **Gagnez des points !**
> Pensez à bien citer un espace précis, ici le Grand Ouest laitier.

> **L'astuce du prof**
> Pensez à parler des espaces agricoles se spécialisant dans l'agriculture biologique, car c'est aussi une forme d'adaptation à la mondialisation.

**GÉOGRAPHIE** — Dynamiques territoriales de la France contemporaine

raisonnée. Ces espaces agricoles fonctionnent avec des circuits courts, c'est-à-dire que les agriculteurs limitent les transports entre lieux de production et lieux de consommation. Ainsi, la culture maraîchère se développe autour des grandes métropoles. De même, l'agriculture bio tente de s'appuyer davantage sur la qualité que sur la quantité, en renonçant à utiliser les produits chimiques.

Grâce à ses espaces agricoles productifs, la France est bien intégrée aux marchés internationaux et reste la première puissance agricole européenne.

> **Gagnez des points !**
> Dites que la France est la première puissance agricole européenne.

# Sujet 26 — Les espaces de faible densité

Asie, juin 2017

### Exercice 1 — Analyser et comprendre des documents — 20 pts

**Document 1** — La fin du désert français

Pas moins de dix-huit virages en épingle séparent la commune de Nâves du reste de la vallée et de ses villes […]. Il y a un siècle, ils étaient 650 habitants à vivre ici de l'élevage et de l'agriculture. Aujourd'hui, ils ne sont plus que 123. Mais pour la première fois depuis cent ans la tendance s'inverse […].

Après des décennies de déclin, les villages reprennent du poil de la bête[1], y compris dans d'obscures régions peu fréquentées par les touristes. En France, les zones rurales les plus reculées perdaient encore 6 400 habitants par an entre 1982 et 1990. Entre 1999 et 2007, ces mêmes régions ont vu leur population augmenter de 59 800 personnes chaque année.

Ce renversement de tendance tient à la fois à des politiques publiques et à des aspirations différentes chez les Français. La France dispose d'un solide réseau de transports et de services publics qui facilite la vie dans les villages. Aujourd'hui encore, le bus scolaire monte chaque matin à Nâves depuis la vallée pour seulement 8 élèves d'école primaire. L'appel de la nature résonne aux oreilles d'anciens citadins et les néoruraux n'hésitent plus à s'installer en rase campagne maintenant que l'accès à Internet leur permet de satisfaire leur envie de solitude sans être totalement déconnectés. […] « Les nouvelles technologies redonnent un avenir aux petits villages », confirme Jacques Delorme, qui gère une entreprise de haute technologie depuis Nâves.

Tout le problème consiste maintenant à transformer ce fragile sursaut en tendance durable. Nâves ne se trouve qu'à 42 kilomètres de la très glamour[2] station [de ski] de Courchevel, mais aucun touriste ne s'aventure de ce côté-là de la vallée. Les services sont eux aussi réduits ; pas de bus, pas de médecins, pas d'école, pas de boutiques, pas de café.

*Courrier International*, n° 1343-1344-1345 du 28 juillet au 17 août 2016.

1. Retrouvent un dynamisme.
2. Fréquentée par des célébrités.

# GÉOGRAPHIE — Dynamiques territoriales de la France contemporaine

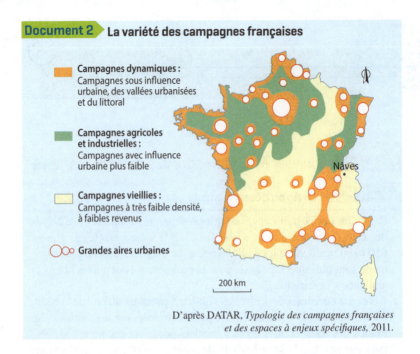

**Document 2** — La variété des campagnes françaises

- **Campagnes dynamiques :** Campagnes sous influence urbaine, des vallées urbanisées et du littoral
- **Campagnes agricoles et industrielles :** Campagnes avec influence urbaine plus faible
- **Campagnes vieillies :** Campagnes à très faible densité, à faibles revenus
- **Grandes aires urbaines**

D'après DATAR, *Typologie des campagnes françaises et des espaces à enjeux spécifiques*, 2011.

## Questions

**1** Relevez, dans le premier paragraphe du document 1, une information montrant que la commune de Nâves a appartenu à ce que les géographes ont appelé un « désert français ».

**2** Pourquoi, d'après ce document des personnes « repeuplent peu à peu » la commune de Nâves ?

**3** Pourquoi le document 1 parle-t-il d'un « fragile sursaut » pour désigner l'évolution de la commune de Nâves ?

**4** À l'aide des deux documents, classez la commune de Nâves dans un type de campagnes.

**5** À partir d'exemples précis tirés des deux documents et de vos connaissances, montrez que la commune de Nâves n'est pas représentative de toutes les campagnes françaises.

## Sujet 26 Corrigé

### Les clés pour réussir

▶ **Bien lire les documents**

**Identifier leur nature**

- **Le document 1** est un extrait d'un **article** paru dans la revue *Courrier international* en 2016. Le journaliste montre à la fois le nouveau dynamisme de Nâves et les inquiétudes qui persistent pour son avenir.
- **Le document 2** est une **carte** qui montre la variété des campagnes françaises en 2011. Elle distingue trois types de campagnes et permet de localiser la commune de Nâves. ➜ fiche 14

**Repérer les éléments importants**

- Le **titre** des deux documents qui nous donnent des indications sur la thématique générale du sujet.
- La première partie du document 1 qui décrit le **nouveau dynamisme** de la commune de Nâves.
- La deuxième partie du document 1 qui nous explique les **raisons** de ce nouveau dynamisme.
- La troisième partie du document 1 qui met l'accent sur les **difficultés** qui demeurent.
- La légende de la carte (document 2) qui distingue **trois types de campagnes** en France.

▶ **Bien comprendre les questions**

**Question 1**

- Le « désert français » est une expression utilisée par les géographes pour désigner les **espaces de très faible densité** (moins de 10 habitants/km$^2$), des espaces très **isolés** et qui ne cessent de **perdre des habitants**. Si la commune de Nâves « a appartenu » à ce « désert », c'est que la situation a changé. C'est ce que vous devez prouver par une information prélevée dans le premier paragraphe.

**Question 2**

- Vous pouvez trouver deux raisons pour lesquelles des personnes « repeuplent peu à peu » la commune de Nâves. C'est le **troisième paragraphe** qui vous apporte ces informations. Mobilisez également vos **connaissances** sur le sujet, issues du chapitre sur les espaces de faible densité et leurs atouts.

**Question 3**

- Expliquez d'abord, **grâce au début du texte**, pourquoi Nâves connaît un sursaut, c'est-à-dire une **légère augmentation** de sa population. Puis

## GÉOGRAPHIE — Dynamiques territoriales de la France contemporaine

montrez, **à l'aide du dernier paragraphe**, pourquoi cela reste **fragile**. Appuyez-vous sur des exemples précis en citant le texte.

**Question 4**

- C'est surtout **le document 2** qui vous permet de classer la commune de Nâves dans un type de campagnes.
- **Repérez sur la carte où se situe Nâves**, puis allez chercher dans la légende à quel type de campagnes cela correspond. Vérifiez-le par une information du document 1.

**Question 5**

- C'est une question difficile car elle vous demande de mobiliser des **connaissances de plusieurs chapitres** :
– les campagnes dynamiques correspondent au chapitre sur les **aires urbaines** ;
– les campagnes agricoles et industrielles à celui sur les **espaces productifs** ;
– les campagnes vieillies à celui sur les **espaces de faible densité et leurs atouts**.
- Il s'agit de décrire les types de campagnes auxquelles n'appartient pas la commune de Nâves, pour montrer qu'elles sont très différentes. Utilisez la légende du document 2, mais aussi vos connaissances.

### Les mots-clés

- **Espaces de faibles densités** : espaces où vivent moins de 30 habitants/km$^2$.
- **Désert français** : expression utilisée par les géographes pour désigner les espaces de très faible densité (moins de 10 habitants/km$^2$).
- **Espace rural** : espace situé hors des espaces urbains. Les communes rurales sont, en France, les communes de moins de 2 000 habitants.
- **Politiques publiques** : politiques menées par l'État pour réduire les inégalités entre les territoires dans le cadre de l'aménagement du territoire.
- **Aspirations** : volonté de changement pour atteindre une meilleure situation.
- **Néoruraux** : anciens citadins venus s'installer à la campagne.
- **Rase campagne** : expression désignant les campagnes les plus isolées.
- **Industrie de haute technologie** : industrie reposant sur la recherche et l'innovation.
- **Espace sous influence urbaine** : espaces périurbains où la majorité des actifs travaillent dans le pôle urbain.
- **Campagnes vieillies** : espaces ruraux de faible densité, désertés par les jeunes qui sont partis étudier et travailler en ville.
- **Aires urbaines** : ensemble formé par une ville, ses banlieues et les communes périurbaines, dont au moins 40 % des habitants travaillent en ville.

## Les espaces de faible densité et leurs atouts — Corrigé 26

**1** Nâves a appartenu à ce que les géographes ont appelé le « désert français », car « il y a un siècle, ils étaient 650 habitants » et « aujourd'hui, ils ne sont que 123 ».

**2** Selon ce document, des personnes « repeuplent peu à peu » la commune de Nâves, car d'anciens citadins souhaitent se rapprocher de la nature. Ils deviennent ainsi des néoruraux, notamment grâce à l'accès à Internet qui permet d'être moins isolé et de travailler à distance : c'est le télétravail. De plus, les politiques publiques, comme les politiques de transports, soutiennent les petites communes rurales pour qu'elles restent reliées aux centres urbains.

> **L'astuce du prof**
> Ne recopiez pas tout le premier paragraphe, mais sélectionnez les informations significatives.

> **Gagnez des points !**
> On doit retrouver dans votre réponse les notions apprises en cours comme « néo-ruraux » ou « télétravail ». Ne vous contentez pas de recopier des parties du document.

**3** Nâves connaît un « fragile sursaut », car la population a cessé de diminuer et des néoruraux se sont installés, comme Jaques Delorme qui gère une entreprise de haute technologie depuis Nâves. Pourtant cela reste fragile, car la population ne s'élève qu'à 123 habitants. De nombreux services manquent dans la commune : « pas de bus, pas de médecins, pas d'école, pas de boutiques, pas de cafés ». Ce sursaut peut donc à tout moment s'arrêter.

**4** Le document 1 nous indique que la commune de Nâves ne compte que 123 habitants. Cela est confirmé par le document 2 qui la localise dans les « campagnes vieillies », des campagnes à très faibles densités et à faibles revenus.

> **L'astuce du prof**
> Utilisez bien les deux documents pour rédiger votre réponse.

**5** La commune de Nâves n'est pas représentative de toutes les campagnes françaises. Comme on peut le voir sur le document 2, il existe différents types de campagnes en France. À l'inverse de Nâves, d'autres espaces ruraux connaissent des densités plus fortes. Ce sont les campagnes dynamiques situées à proximité des aires urbaines, dans les vallées urbanisées ou sur les littoraux. Ces espaces sont touchés par la périurbanisation et vivent sous l'influence urbaine. D'autres espaces ruraux connaissent une influence urbaine moins forte, mais n'en sont pas moins dynamiques. Ce sont les campagnes agricoles et industrielles de l'Ouest et du Nord de la France qui concentrent les principaux espaces productifs agricoles.

> **L'astuce du prof**
> Mobilisez vos connaissances des autres chapitres de Géographie : celui sur les aires urbaines pour la périurbanisation et celui sur les espaces productifs pour les campagnes agricoles et industrielles.

# GÉOGRAPHIE — Pourquoi et comment aménager le territoire

## Sujet 27 — Aménager les territoires français

*Sujet inédit*

⏱ 45 min

### Exercice 2 — Maîtriser différents langages — 20 pts

**Document** : La diversité des politiques d'aménagement du territoire

**Aménager pour répondre aux inégalités croissantes...** Corrigé 27

**1** Sous la forme d'un développement construit d'une vingtaine de lignes, expliquez pourquoi et comment il convient d'aménager les territoires français.

**2** Complétez la carte en associant à chaque partie de la légende le type de politique d'aménagement correspondant.
A. Aménagement touristique
B. Transports et communication
C. Aménagement industriel
D. Environnement
E. Aménagement urbain

## 27 Corrigé

### Les clés pour réussir

#### ▶ Bien comprendre les consignes

**Consigne 1**

● On vous demande d'expliquer *pourquoi* et *comment* : il s'agit donc de raisonner autour des **causes** et des **moyens** mis en œuvre dans le cadre des politiques d'aménagement en France.

● Le fait que le terme « territoires » soit au pluriel n'est pas le fruit du hasard : pourquoi « **les territoires français** » plutôt que « **le territoire français** » ?

**Consigne 2**

● La carte ne doit pas être commentée ; vous devez compléter la légende en indiquant sur les lignes prévues à cet effet le type de politique d'aménagement qui correspond aux différents ensembles de figurés cartographiques.

● Placez la lettre qui convient à chacun de ces types de politique en utilisant dans un premier temps un crayon à papier ; puis, une fois certain de votre choix, **recopiez soigneusement votre réponse au stylo noir**.

### Les mots-clés

Politiques d'aménagement des territoires ● Ségrégation socio-spatiale ● Métropolisation ● Mondialisation ● Compétitivité ● Dorsale européenne ● Développement durable ● Collectivités territoriales ● Union européenne ● DATAR ● ZAC ➜ lexique

**GÉOGRAPHIE**

## GÉOGRAPHIE — Pourquoi et comment aménager le territoire

**1** Pourquoi et comment aménager les territoires français ?

Les inégalités économiques et sociales caractérisent l'espace français à toutes les échelles. Qu'il s'agisse du niveau de revenu, de l'accès aux services ou de la qualité du cadre de vie, elles ont tendance à s'aggraver sous l'effet conjugué de la **métropolisation** et de la **mondialisation**. La **ségrégation socio-spatiale** s'accentue en particulier entre la métropole et l'outre-mer, entre le centre et la périphérie des aires urbaines et plus généralement au sein de toutes les régions françaises. La **compétitivité** entre ces territoires est de plus en plus vive du fait de l'intégration européenne et des mutations du système productif. La suprématie de Paris, des grandes métropoles du Sud et de l'Ouest du pays et des espaces bien reliés à la **dorsale européenne** se renforce, au détriment des espaces enclavés en proie à des difficultés économiques et sociales majeures.

De telles inégalités ne sont pas compatibles avec le principe d'égalité entre les citoyens du pays. Depuis 1963 avec la création de la DATAR, l'État met donc en œuvre des politiques d'aménagement des territoires qui ont pour objectif de réduire les disparités et de permettre à l'ensemble des Français de vivre dans des conditions comparables, quel que soit leur lieu de résidence. Son action est relayée par les collectivités territoriales et par l'Union européenne qui jouent un rôle de plus en plus important dans la définition et dans l'application de ces politiques. Leurs intérêts n'étant pas toujours compatibles avec ceux des entreprises et des citoyens, les projets d'aménagement suscitent souvent de vifs débats entre les acteurs concernés. C'est le cas en particulier quand ils concernent les infrastructures de transport (création de lignes à grande vitesse), les équipements touristiques (ZAC des espaces littoraux ou des régions de montagne) ou l'environnement (construction de barrages, installation d'éoliennes).

Le manque de moyens financiers et la nécessité de raisonner en prenant appui sur les principes du développement durable ajoutent à la complexité de la situation : les perspectives d'aménagement du territoire semblent aujourd'hui assez incertaines…

> **L'astuce du prof**
> En commençant par une question qui reformule les termes de la consigne, vous montrez immédiatement au correcteur que vous avez bien compris les enjeux du sujet.

> **Gagnez des points !**
> Plutôt que d'établir un catalogue des réalisations menées à bien en matière d'aménagement, illustrez votre démonstration par quelques exemples précis y compris à l'échelle de votre région.

**Aménager pour répondre aux inégalités croissantes...** Corrigé 27

**2**

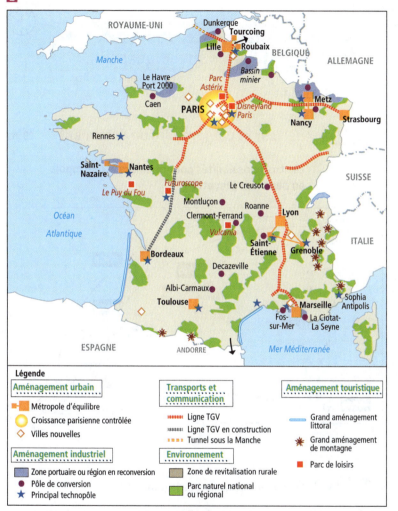

# GÉOGRAPHIE — Pourquoi et comment aménager le territoire

## Sujet 28 — L'Outre-mer, des territoires soumis à des difficultés spécifiques

**Sujet inédit**

### Exercice 1 — Analyser et comprendre un document (20 pts)

**Document 1** — Les trois possibilités pour rejoindre la métropole au départ de Mayotte

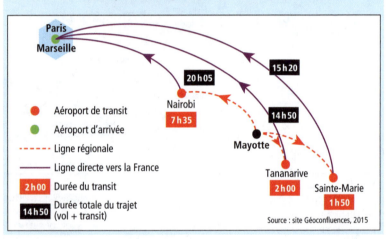

Source : site Géoconfluences, 2015

**Document 2** — Le mécontentement de la population

« L'île de Mayotte, dans l'océan Indien, à 8 000 kilomètres de Paris, est paralysée par une grève générale. Les principaux axes routiers sont bloqués par des barrages qui ralentissent l'activité économique, vident les supermarchés et perturbent la tenue de certains examens. Des émeutes ont éclaté dans le chef-lieu mahorais.

Le mouvement réclame l'"égalité réelle" entre Mayotte et la métropole. L'île a choisi de rester française et est officiellement devenue le 101e département français en 2011. Toutefois, elle ne jouit pas encore totalement des mêmes droits que les autres territoires français.

## Sujet 28 — Les territoires ultra-marins français…

Un rapport du député V. Lurel pointe le manque de routes, de production d'énergie ou d'établissements scolaires. Le chômage touche 19 % de la population active et 27 % des habitants vivent sous le seuil de pauvreté. L'indice de développement humain (IDH), qui regroupe des indicateurs de richesse, d'éducation et de santé, place Mayotte à la 107$^e$ position alors que la France est 20$^e$.

Mayotte est confrontée à une très forte immigration clandestine. Les migrants arrivent des autres îles des Comores dans des barques de pêcheur au prix de naufrages fréquents. De nombreuses femmes enceintes tentent la traversée. Ces dernières espèrent accoucher à Mayotte pour que leur enfant soit Français. La maternité de Mamoudzou[1], avec douze mille naissances par an, détient le record d'Europe : 70 % de ces naissances sont le fait de femmes en situation irrégulière. Le nombre de clandestins est par définition difficile à estimer, mais il se compte en dizaines de milliers. *"À cause de l'immigration clandestine, Mayotte compte environ six mille mineurs isolés, non scolarisés, qui doivent se débrouiller tout seuls"*, explique le rédacteur en chef de Mayotte Hebdo. On peut penser qu'ils font partie des jeunes qui ont provoqué les émeutes… ».

D'après un article d'Anne-Aël Durand, *Le Monde,* 14 avril 2016.

---

1. Chef-lieu de Mayotte.

## Questions

**1** De quelle manière Mayotte est-elle reliée à la métropole ?

**2** Pour quelles raisons la population a-t-elle déclenché une grève générale ?

**3** Comment s'expliquent les difficultés économiques et sociales auxquelles sont confrontées Mayotte et, en règle générale, les autres régions ultra-marines ?

**4** Pour quelle raison des milliers de Comoriennes viennent-elles accoucher à Mayotte ?

**5** Quel est l'effet de l'immigration clandestine sur les tensions qui règnent à Mayotte d'après le rédacteur en chef du journal cité ?

# GÉOGRAPHIE — Pourquoi et comment aménager le territoire

## Sujet 28 Corrigé

### Les clés pour réussir

#### ▶ Bien lire le document

**Identifier sa nature**
- Le document est composé de deux éléments : un schéma et un article de presse.
- Le texte est issu du grand quotidien national *Le Monde*.

**Repérer les éléments importants**
- Les deux parties du document sont complémentaires : elles doivent être mises en relation.
- Soyez attentif au titre du document : il souligne la cohérence de ces deux éléments.

#### ▶ Bien comprendre les questions

**Question 1**
- Repérez bien sur le schéma les lieux, les durées et le type de liaison aérienne.
- Envisagez les différents trajets en fonction de leur durée respective (de la plus longue à la plus courte ou inversement). ➜ Fiche 25

**Question 2**
- Le titre de l'article fournit une première indication majeure !
- Citez l'ensemble des causes mentionnées par le journaliste sans pour autant recopier l'intégralité des passages concernés. ➜ Fiche 30

**Question 3**
- Pour répondre à cette question, vous pouvez commencer par évoquer le facteur mis en évidence par le schéma.
- Pour aller plus loin, pas d'alternative : il faut utiliser les connaissances vues en cours sur la spécificité des territoires ultra-marins dans leur ensemble. ➜ Fiche 29

**Question 4**
- Bien sûr, si les Comoriennes accouchent à Mayotte, c'est parce qu'il y a une maternité à Mamoudzou mais cela n'est pas une raison suffisante…
- Prolongez la réflexion du journaliste du *Monde* : indiquez explicitement les avantages qu'il peut y avoir à naître Français pour la population d'un pays en voie de développement. ➜ Fiche 13

**Question 5**
- La question fait référence aux propos d'un journaliste local : ils sont indiqués en italique dans cet article car c'est son point de vue qu'il exprime.

## Les territoires ultra-marins français... Corrigé 28

### Les mots-clés

- **Archipel** : ensemble d'îles.
- **Discontinuité** : rupture géographique entre deux territoires (distance, frontière, surface océanique, immense massif forestier...) qui s'accompagne de difficultés d'accès et de communication entre eux.
- **DROM** : Départements et Régions d'Outre-Mer (Guadeloupe, Guyane, Mayotte, Martinique et Réunion).
- **Économie de subsistance** : par opposition à l'économie commerciale, système qui repose sur la consommation de produits locaux.
- **Enclavement** : situation d'un territoire mal relié aux autres, du fait de l'absence de voies de communication et/ou de la présence d'obstacles naturels (massif montagneux par exemple).
- **Insularité** : ensemble des caractéristiques des îles ou des archipels, en particulier l'éloignement relatif du continent, la taille réduite du territoire, l'opposition entre espaces intérieurs et littoraux, un certain isolement...
- **RUP** (Régions Ultrapériphériques) : territoires faisant partie intégrante de l'Union européenne mais situés en dehors du continent européen ; ils bénéficient d'aides particulières dans le cadre des politiques régionales de l'Europe.

**1** Mayotte est une île française de l'**archipel** des Comores. Ce département d'outre-mer (**DROM**) est relié à la métropole par des liaisons aériennes dont la durée est comprise entre 15 et 20 heures. Les vols ne sont pas directs : ils comptent tous une escale, ce qui accentue la **discontinuité** avec le territoire français métropolitain.

**2** Les raisons qui sont à l'origine du mécontentement de la population sont multiples. Elles tiennent aux inégalités croissantes entre les Mahorais et la population métropolitaine. Mayotte est en effet confrontée à d'importantes difficultés économiques et sociales qui ont tendance à s'aggraver. Dans les domaines de l'emploi, de l'éducation, de la santé, des transports, du niveau de vie... Tous les indicateurs placent la population locale en deçà des moyennes nationales et européennes. C'est d'ailleurs à ce titre que Mayotte est considérée comme une **RUP** et qu'elle bénéficie de subventions européennes spécifiques destinées à lutter contre les effets négatifs de l'insularité et de l'**enclavement**.

> **Gagnez des points !**
>
> Six des neuf RUP européennes sont françaises (les 5 DROM et la collectivité d'outre-mer de Saint-Martin), les autres étant portugaises (les Açores et Madère) ou espagnoles (îles Canaries).

**3** Les difficultés économiques et sociales ont de multiples causes. Certaines sont un héritage de l'**économie de subsistance** qui a longtemps caractérisé ce territoire et qui explique l'absence quasi-totale d'activités industrielles et une exploitation encore très limitée du potentiel touristique local. L'économie et la société mahoraises sont dépendantes des importations. Elles ne peuvent fonctionner sans le soutien de la métropole et de l'Union européenne d'autant que la population augmente à un rythme soutenu.

**4** Malgré ces difficultés, les territoires ultramarins sont en général des îlots de prospérité dans leur environnement régional. Mayotte ne fait pas exception à la règle : la richesse moyenne, bien que très inférieure à celle de la métropole, est bien plus élevée que celle de l'archipel des Comores. Pour les habitants de cet État indépendant qui fait partie des pays les moins avancés de la planète, Mayotte est un eldorado : y faire naître leurs enfants, c'est leur offrir l'accès à de meilleures conditions de vie.

> **L'astuce du prof**
>
> En géographie, faites systématiquement varier l'échelle de votre raisonnement. En passant de l'échelle locale (Mayotte) à l'échelle régionale (les Comores), la réponse à la question posée s'impose naturellement.

**5** Selon le rédacteur en chef de *Mayotte Hebdo,* certains mineurs livrés à eux-mêmes, en situation illégale sur le territoire, ont participé aux émeutes qui ont éclaté sur l'île. Il considère que l'importance des flux migratoires clandestins accentue localement les tensions sociales.

# Sujet 29 — L'Union européenne : un territoire original

*Sujet inédit*

### Exercice 2 — Maîtriser différents langages — 20 pts

**1** Sous la forme d'un développement construit d'une vingtaine de lignes, présentez les principales caractéristiques du territoire de l'Union européenne en expliquant la position qu'occupe la France.

**2** Localisez et nommez sur le fond de carte quatre États membres de l'Union européenne et un État candidat à l'adhésion.

**Document** — Les États-membres de l'Union européenne en 2016

# GÉOGRAPHIE — La France et l'Union européenne

## Sujet 29 Corrigé

### Les clés pour réussir

#### ▶ Bien comprendre les consignes

**Consigne 1**

- La première partie de la consigne porte sur le *territoire de l'Union européenne* : il s'agit de le définir dans ses limites actuelles.

- Ne mettez en évidence que ce qui vous semble essentiel pour présenter ce territoire : il faut en souligner l'originalité et insister sur ce qui le rend spécifique.

- La seconde partie de la consigne impose un changement d'échelle. Il faut centrer votre propos sur la position de la France dans l'Union européenne.

- Il ne s'agit donc surtout pas de commencer par caractériser la situation géographique de la France puis d'envisager celle de l'UE, mais bien de la démarche inverse.

**Consigne 2**

- On n'attend pas de vous que vous citiez l'ensemble des États membres de l'UE.

- Il faut en choisir quatre et les placer correctement avec leur nom sur le fond de carte en respectant les normes cartographiques (utiliser un stylo noir, écrire en majuscules).

- Pour faciliter la lecture de la carte une fois complétée, choisissez de préférence l'État le plus étendu parmi les candidats à l'adhésion ; certains d'entre eux sont en effet de taille modeste et plus difficiles à distinguer de leurs voisins.

### Les mots-clés

Espace Schengen ● Dorsale européenne ● Interface ● Zone euro ● Finisterre → lexique

**L'Union européenne, un nouveau territoire de référence…** Corrigé 29

**1** L'Union européenne (UE) est un rassemblement volontaire d'États partageant des valeurs communes et animés par un projet de développement global.
Il s'agit d'un **territoire en construction**. Son périmètre n'a cessé de s'étendre depuis sa création en **1957**. Il compte aujourd'hui 28 États* couvrant une superficie de 4,5 millions de km².
C'est également un **territoire « à géométrie variable »**. Les États membres ont en effet la possibilité de ne pas appliquer l'ensemble des politiques définies par les institutions communautaires. Le territoire de l'UE ne coïncide donc pas précisément avec l'**espace Schengen** ni avec la **zone euro**. Ainsi, seuls 19 États-membres ont à ce jour adopté la monnaie unique. Caractérisée par une très grande diversité de milieux, de paysages et de cultures, l'UE est perçue comme **un territoire de paix et de prospérité**. Elle est parcourue par d'importants flux migratoires, qu'il s'agisse de réfugiés à la recherche d'une vie meilleure ou de touristes internationaux.

> **L'astuce du prof**
> Montrez que vous êtes capable de mobiliser ce que vous avez appris en histoire en citant une date ou un personnage-clé dans un sujet de géographie.

La France occupe une position particulière au sein de cet ensemble original. Sa situation géographique en fait une double **interface** : océanique et maritime, entre Manche-Atlantique et Méditerranée d'une part, terrestre et continentale, entre Nord et Sud du continent d'autre part. Membre fondateur de l'UE, son rôle dans l'affirmation et la mise en œuvre du projet européen est essentiel. Cependant, les élargissements successifs de l'UE ont déplacé le centre de gravité du territoire européen vers l'Est. Ils ont renforcé le rôle joué par la **dorsale européenne** dans la structuration de l'espace européen et accentué le caractère de « **finisterre** » européen » de l'espace français.
Si la France est au cœur du projet européen d'un point de vue historique et économique, l'organisation et les dynamiques spatiales du territoire européen sont majoritairement déterminées par les centres de commandement de la mégalopole.

> **Gagnez des points !**
> En géographie, quand un sujet porte sur deux échelles distinctes (l'UE et la France par exemple), il est recommandé de les envisager conjointement dans la conclusion.

**2** L'Union européenne compte actuellement 28 États membres. Cinq États sont officiellement engagés dans un processus d'adhésion : l'Albanie, la Serbie, le Monténégro, l'ancienne République yougoslave de Macédoine (ARYM) et la Turquie. La Bosnie-Herzégovine et le Kosovo ne sont encore que des candidats potentiels.

---
* Prochainement, avec le départ du Royaume-Uni, l'UE ne comptera plus que 27 pays.

# GÉOGRAPHIE — La France et l'Union européenne

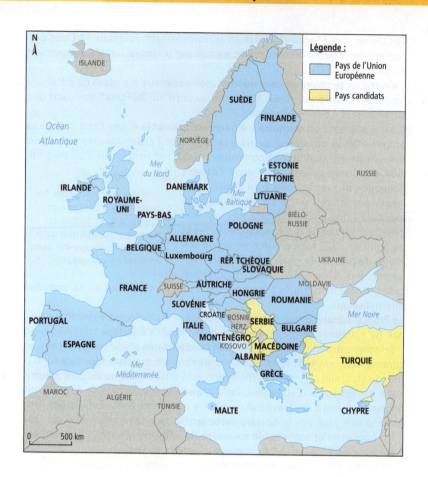

La France et l'Europe dans le monde **Sujet 30**

# Sujet 30 — L'Union européenne face aux enjeux du monde contemporain

Sujet inédit

## Exercice 1 — Analyser et comprendre un document — 20 pts

**Document** « L'opération Atalante », un exemple d'opération militaire européenne

« L'avion allemand s'apprête à décoller de la base militaire française de Djibouti. Cet appareil de surveillance maritime de la force de l'Union européenne Atalante doit patrouiller le long des côtes somaliennes pour traquer toute "activité suspecte".

Les neuf heures de vol s'annoncent paisibles pour ces militaires : les pirates ont quasiment disparu du Golfe d'Aden. De 176 attaques de pirates dans les eaux somaliennes en 2011, le chiffre est tombé à 2 attaques en 2014. Aucune n'a été signalée en 2015.

## GÉOGRAPHIE — La France et l'Union européenne

Fière des succès d'Atalante, l'UE compte s'en servir de modèle pour sa nouvelle mission, cette fois en Méditerranée, pour "casser" l'activité des trafiquants qui exploitent la détresse des migrants prêts à tout pour rejoindre l'Europe. »

K. Lebhour, *Agence France Presse*, 19 mai 2015.

## Questions

**1** Relevez dans le texte et sur la photographie les éléments qui montrent que l'opération militaire Atalante est placée sous le contrôle de l'Union européenne.

**2** Quel est l'objectif de cette mission ?

**3** Qu'est-ce qui en montre l'efficacité ?

**4** À quelle autre opération militaire Atalante sert-elle de « modèle » ?

**5** De quel type d'influence exercée par l'UE dans le monde ce document est-il le reflet ?

## Sujet 30 Corrigé

### Les clés pour réussir

▶ **Bien lire le document**

**Identifier sa nature**

- Le document associe une photographie et un extrait d'une dépêche de K. Lebhour pour l'Agence France Presse, datée du 19 mai 2015.
- La photographie apporte des précisions sur les moyens dont disposent les forces armées européennes au-delà de l'avion mentionné dans le texte.

**Repérer les éléments importants**

- L'écusson sur le bras du pilote : sa couleur et la présence d'étoiles ne doivent rien au hasard…
- Les lieux mentionnés (Djibouti, la Somalie, le golfe d'Aden) indiquent la région du monde dans laquelle se déploie l'opération Atalante.
- L'évolution du nombre d'actes de piraterie au cours de ces dernières années.

▶ **Bien comprendre les questions**

**Question 1**

- Pour répondre à cette question, vous pouvez utiliser une expression tirée du texte ou faire référence aux États membres de l'Union européenne dont dépendent l'avion et la base militaire cités dans le texte.

**La France et l'Europe dans le monde** — **Corrigé 30**

● L'indice visuel à citer se situe au premier plan de la photographie.
→ Fiche 31

**Question 2**
● L'objectif de la mission est évoqué à deux reprises : d'une manière assez générale d'abord, puis plus précise dans le second paragraphe de la dépêche.

**Question 3**
● Compte-tenu de l'objectif de la mission, le critère qui permet d'en mesurer l'efficacité s'impose logiquement…
● Ne raisonnez que sur la période 2011-2014. À la date de publication de la dépêche, l'année 2015 n'est pas achevée : le bilan évoqué est encore provisoire.

**Question 4**
● La nouvelle opération militaire mise en œuvre par l'Union européenne concerne le trafic d'êtres humains qui se développe en Méditerranée, frontière maritime entre l'Europe et l'Afrique.

**Question 5**
● Cette question est en lien direct avec votre cours sur « la France et l'Europe dans le monde ». Leur influence s'exerce principalement dans trois domaines, dont celui qu'on attend que vous rappeliez ici.

### Les mots-clés

● **Influence** : capacité pour un territoire à faire entendre sa voix sur la scène internationale dans les débats liés aux grands enjeux du monde contemporain.
● **Politique Étrangère et de Sécurité Commune (PESC)** : ensemble des principes mis en œuvre par l'Union européenne afin de sauvegarder ses valeurs, ses intérêts fondamentaux, sa sécurité, son indépendance et son intégrité.
● **OTAN (Organisation du Traité de l'Atlantique-Nord)** : alliance militaire sous commandement américain qui regroupe les États-Unis, le Canada et de nombreux États européens.

**1** L'opération militaire Atalante est assurée par des appareils « de surveillance maritime de la force de l'Union européenne ». Elle associe des moyens militaires de plusieurs États membres de l'UE tels que l'Allemagne (avion) et la France (base militaire de Djibouti). Sur la manche de sa combinaison, le pilote de l'hélicoptère porte un écusson aux couleurs du drapeau européen avec des étoiles dorées sur fond bleu azur.

## GÉOGRAPHIE — La France et l'Union européenne

**2** Les forces armées de l'opération Atalante ont pour mission de « traquer toute activité suspecte ». En l'occurrence, il s'agit de lutter contre les actes de piraterie le long des côtes de l'Afrique de l'Est.

**3** Le nombre d'actes de piraterie a considérablement diminué entre 2011 et 2014 : il est passé de 176 à 2 en quatre ans, soit une baisse de plus de 98 %. Autant dire que ce phénomène a quasiment disparu, ce que tendent à prouver les premières indications pour l'année 2015.

> **L'astuce du prof**
> Citer des chiffres, c'est bien, mais qualifier l'évolution correspondante, c'est mieux ! À défaut de calculer un pourcentage, utilisez un adjectif pour dire si l'augmentation (ou la diminution) est forte, moyenne ou modérée.

**4** Compte-tenu de son efficacité sur les côtes d'Afrique orientale, l'Union européenne a développé un dispositif militaire identique en mer Méditerranée. Il s'agit de lutter contre les trafiquants qui assurent, dans des conditions effroyablement dangereuses, la traversée depuis les côtes d'Afrique du Nord de centaines de migrants clandestins à la recherche d'une vie meilleure en Europe.

**5** L'opération Atalante est une mission militaire européenne qui montre la manière dont s'exerce aujourd'hui l'influence géopolitique de l'Union européenne dans le monde. Cette mission relève de la **Politique Étrangère et de Sécurité Commune (PESC)**. Depuis plusieurs années, l'Europe souhaite développer son rôle politique et militaire international, ce dernier ayant été assez modeste dans la première partie de son histoire surtout par rapport à celui de l'**OTAN**.

> **Gagnez des points !**
> N'hésitez pas à nommer celle qui définit et conduit la PESC : c'est l'Italienne F. Mogherini qui depuis 2014, exerce le mandat de « haut représentant de l'UE aux affaires étrangères ».

## Sujet 31 — La France, une influence mondiale

*Polynésie, juin 2017*

**Exercice 2** — Maîtriser différents langages — **20 pts**

**1** Sous la forme d'un développement construit d'une vingtaine de lignes, expliquez l'influence culturelle, géopolitique et économique de la France dans le monde.

**2** Sur le planisphère ci-dessous :
- hachurez la Polynésie française ;
- nommez l'océan Pacifique ;
- nommez la France métropolitaine ;
- nommez un État voisin de la France métropolitaine ;
- nommez l'Asie.

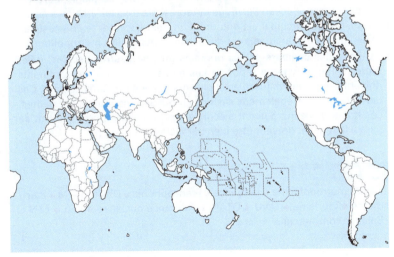

# GÉOGRAPHIE — La France et l'Union européenne

## Sujet 31 Corrigé

### Les clés pour réussir

**▶ Bien comprendre les consignes**

**Consigne 1**

● Ce sujet de développement construit est assez classique, car il reprend la partie du programme sur l'**influence mondiale de la France**. Il vous demande de décrire cette influence dans **trois domaines différents**, ce qui vous indique comment organiser votre développement. Cette influence n'est pas d'égale importance selon les domaines. Essayez de mobiliser vos connaissances sur le sujet, notamment pour donner un ou deux chiffres significatifs de l'influence de la France, par exemple sa place dans le tourisme mondial ou dans un autre domaine.

● N'oubliez pas de faire une ou deux phrases d'introduction et une phrase de conclusion. Sautez des lignes entre chaque partie pour bien montrer que vous organisez votre réponse.

**Consigne 2**

● Ce sujet s'adresse aux collégiens de **Polynésie**. Le planisphère est donc centré sur l'océan Pacifique et représente tous les archipels de cet océan. Chaque archipel est entouré d'un trait. Localiser la Polynésie au milieu des autres archipels est difficile pour des élèves métropolitains.

● Utilisez des **couleurs et des graphies (majuscules/minuscules) différentes** selon le type de réponse. Les noms d'océans et de continents doivent s'écrire en majuscules et plus grands que les noms de pays. Ces derniers doivent également s'écrire en majuscules, mais plus petites. Les noms d'océans doivent s'écrire en bleu. Les hachures doivent se faire à la règle et doivent être bien parallèles.

### Les mots-clés

France métropolitaine ● Influence ● Francophonie ● DROM-COM ● Patrimoine ● Tourisme ● ONU ● OTAN ● Puissance nucléaire ● ZEE ● FTN ● Balance commerciale → fiche 13

**1** La France est un petit pays de plus de 65 millions d'habitants, mais qui a une réelle influence mondiale. Comment s'exerce cette influence dans les domaines culturel, géopolitique et économique ?

### Gagnez des points !

Rédigez votre introduction en présentant la France et en posant le sujet sous la forme d'une question.

## La France et l'Europe dans le monde — Corrigé 31

La France a d'abord une forte influence culturelle dans le monde. La langue française est parlée dans de nombreux pays qui se regroupent au sein de la Francophonie. Elle est ainsi la cinquième langue la plus parlée au monde, relayée par les centres culturels (Alliance française) et plus de 490 écoles et lycées français dans 130 pays. Grâce à ses DROM-COM, elle est présente sur tous les continents. Riche d'un patrimoine littéraire, artistique, architectural et gastronomique exceptionnel, elle est au premier rang des destinations touristiques internationales.

> **L'astuce du prof**
> Le sujet vous donne les trois parties autour desquelles vous devez organiser votre développement.

L'influence de la France est également importante dans le domaine géopolitique. Elle est présente dans toutes les grandes organisations internationales, notamment au Conseil de sécurité de l'ONU où elle dispose d'un siège de membre permanent. Puissance nucléaire et militaire, elle participe à de nombreuses missions internationales dans le cadre de l'ONU ou de sa principale alliance militaire, l'OTAN. Membre fondateur de la construction européenne, elle est un des moteurs, avec l'Allemagne, de l'Union européenne. Enfin elle dispose d'un réseau très important d'ambassades à l'étranger ce qui lui permet d'entretenir des relations diplomatiques avec presque tous les pays du monde.

> **L'astuce du prof**
> Utilisez vos connaissances d'Histoire et d'EMC pour développer le rôle de la France à l'ONU et dans l'OTAN.

Enfin la France a une influence économique non négligeable. C'est la sixième puissance économique au monde et elle est au troisième rang européen derrière l'Allemagne et le Royaume-Uni. Son économie est largement ouverte sur le monde. De nombreuses entreprises étrangères y sont installées, notamment dans l'aire urbaine parisienne. Elle possède de grandes FTN présentes dans le monde entier. Ses DROM-COM lui permettent de posséder la deuxième ZEE au monde. Pourtant cette influence économique reste limitée. La France est surtout une puissance économique régionale en Europe. Sa balance commerciale est très déficitaire, notamment parce qu'elle importe énormément de matières premières (pétrole, gaz, etc.).

La France a donc une influence culturelle et géopolitique importante dans le monde, mais son influence économique est plus limitée.

**GÉOGRAPHIE** — **La France et l'Union européenne**

**2**

> **Gagnez des points !**
> Respectez bien les consignes données par le sujet : des hachures pour la Polynésie, un seul État voisin de la France (limitez-vous aux États ayant une frontière avec la France).

# Sujet 32 — Le vote

Liban, juin 2017

**Exercice 3** — Enseignement moral et civique — 10 pts

**Document 1** ▸ Campagne pour l'inscription sur les listes électorales de la mairie de Besançon (2011)

Ça ne permet pas de raconter sa vie, mais ça permet de s'exprimer

Pour voter en 2012, inscrivez-vous avant le 31 décembre 2011.

**Document 2** ▸ Témoignage sur le vote de Sophie, 21 ans, étudiante

« Je n'ai jamais voté mais je vais le faire aux municipales. J'ai acquis une maturité qui me permet de prendre conscience de ce qui se passe dans mon pays. Avant je ne me sentais pas concernée. »

« Certaines choses me préoccupent : la vie commence vraiment à devenir chère, des choses sont mises en place pour les jeunes mais on n'en voit pas vraiment le bout. Je sais que ce n'est pas mon vote qui va changer la donne, mais je me dis qu'au moins j'aurai participé, et là je pourrai dire : « J'ai voté, je suis pas d'accord. »

Agence France Presse, mars 2014.

**ENSEIGNEMENT MORAL ET CIVIQUE** — La République et la citoyenneté

## Questions

**1** Quel devoir du citoyen est abordé dans les deux documents ?

**2** Donnez une raison pour laquelle la mairie de Besançon a organisé cette campagne.

**3** Relevez un argument donné par Sophie (document 2) pour expliquer son nouvel intérêt pour la vie politique.

**4** « Ça ne sert à rien d'aller voter ! » dit un élève. Quels arguments pouvez-vous avancer afin de le convaincre d'aller voter ? Développez votre argumentation en quelques lignes.

## Sujet 32 Corrigé

### Les clés pour réussir

▶ **Bien comprendre les consignes**

**Consigne 1**
- Le devoir du citoyen abordé dans les documents est le thème général de ces documents. Vous avez étudié ce devoir en classe.

**Consigne 2**
- Cette consigne porte uniquement sur le document 1. Regardez bien le **texte en bas de l'affiche**.

**Consigne 3**
- Pour cette consigne, vous devez vous appuyer sur le **document 2**. Sophie donne plusieurs arguments pour expliquer son nouvel intérêt pour la vie politique. Il faut en relever **un seul**. N'oubliez pas de mettre des guillemets pour montrer que c'est une citation.

**Consigne 4**
- Vous avez le **choix** de la forme de votre argumentation. Vous pouvez imaginer un débat, un dialogue ou simplement rédiger un paragraphe. N'oubliez pas d'exposer **plusieurs arguments** car la consigne est au pluriel. Vous pouvez vous aider du témoignage de Sophie, mais c'est votre **avis personnel** que l'on attend.

### Les mots-clés

Vote • Devoir • Citoyen • Abstention • Listes électorales • Carte électorale • Élections municipales

# Nationalité, citoyenneté française et citoyenneté européenne — Corrigé 32

**1** Le devoir du citoyen abordé dans ces deux documents est le vote.

**2** La mairie de Besançon a organisé cette campagne pour inciter les citoyens à s'inscrire sur les listes électorales et à aller voter en 2012. En effet, cette année-là était une année électorale très importante puisque se déroulaient les élections présidentielle et législatives.

> **Gagnez des points !**
> Pensez à regarder l'année où cette affiche a été éditée et à faire le lien avec les élections ayant eu lieu à ce moment.

**3** Pour expliquer son nouvel intérêt pour la vie politique, Sophie affirme : « J'ai acquis une maturité qui me permet de prendre conscience de ce qui se passe dans mon pays. Avant je ne me sentais pas concernée. ».

> **L'astuce du prof**
> Sélectionnez bien l'extrait qui montre l'intérêt de Sophie pour la politique. Ne recopiez pas un paragraphe entier du texte.

**4** « Ça ne sert à rien d'aller voter ! » dit un élève.

Mais si, c'est très important d'aller voter. D'abord ça permet de s'exprimer et de ne pas laisser les autres décider à notre place. Si je ne vais pas voter et que c'est un candidat que je n'aime pas qui est élu, je ne pourrai pas me plaindre.

Dans les dictatures, les gens n'ont pas le droit de choisir leurs représentants, ni de s'exprimer et nous, nous avons la chance d'être en démocratie et de disposer du droit de vote. D'ailleurs, dans certains pays démocratiques comme en Belgique, le vote est obligatoire. Nous, on nous laisse le choix, mais si on veut que la personne élue soit représentative de la population, il ne faut pas que l'abstention soit trop forte.

Les personnes que nous allons élire vont prendre des décisions qui nous concernent directement. Par exemple, j'ai entendu que certains candidats à l'élection présidentielle de 2017 voulaient rétablir le service militaire pour les jeunes de 18 ans.

> **Gagnez des points !**
> Ne vous contentez pas d'un seul argument. Séparez vos arguments en allant à la ligne.

# Sujet 33 — L'égalité politique homme-femme

Polynésie, juin 2017

### Exercice 3 — Enseignement moral et civique — 10 pts

**Document 1 — Extraits de la Constitution de la Vᵉ République (1958)**

**Art. 1** – La France est une république indivisible, laïque, démocratique et sociale. Elle assure l'égalité devant la loi de tous les citoyens sans distinction d'origine, de race ou de religion. La loi favorise l'égal accès des femmes et des hommes aux mandats électoraux et fonctions électives.
[…]
**Art. 3** – Sont électeurs, dans les conditions déterminées par la loi, tous les nationaux français majeurs des deux sexes, jouissant de leurs droits civils et politiques.

**Document 2 — La représentation des femmes en politique en France**

« **La loi sur la parité votée en 2000** impose des listes composées d'autant d'hommes que de femmes avec l'alternance obligatoire. Cette loi a été renforcée par une autre loi sur la parité en 2014. »

|  | Année | Part des femmes en % |
|---|---|---|
| Députées | 2007 | 18,5 % |
|  | 2012 | 26,9 % |
| Sénatrices | 2004 | 17 % |
|  | 2014 | 25 % |
| Maires | 2012 | 16 % |
| Conseillères municipales | 2014 | 40,3 % |
| Députées françaises au parlement européen | 2014 | 42 % |

Article du 21 octobre 2014, extrait du site l'*Observatoire des inégalités*.

**Nationalité, citoyenneté française et citoyenneté européenne** — Corrigé 33

## Questions

**1** Relevez dans le document 1 les droits politiques dont disposent les femmes et les hommes en France.

**2** Expliquez à partir du document 2, comment la loi a permis de renforcer l'égalité politique entre les hommes et les femmes.

**3** D'après le document 2, l'égalité politique homme-femme est-elle atteinte ? Justifiez votre réponse par des chiffres.

**4** Expliquez à un camarade pourquoi et par quels moyens la loi sur la parité homme-femme contribue au bon fonctionnement de la démocratie en France.

## Sujet 33 Corrigé

### Les clés pour réussir

> **Bien comprendre les consignes**

**Consigne 1**

- On vous demande de « relever dans le document 1 » les **droits politiques**. Il s'agit donc de prélever des extraits du texte en les citant avec des guillemets. Vous pouvez trouver trois exemples de droits politiques. Les droits politiques sont les droits qui permettent aux citoyens de participer à la vie politique de leur pays.

**Consigne 2**

- La loi sur la parité est expliquée en italique au-dessus du tableau du document 2. Appuyez-vous sur cette définition et sur les chiffres du tableau pour montrer que, grâce à cette loi, **les femmes sont de plus en plus représentées dans les fonctions électives**. Choisissez une fonction que vous connaissez pour montrer le changement entre les deux dates citées dans le tableau.

**Consigne 3**

- Ne répondez pas à la question par « oui » ou « non ». Vous devez affirmer si l'égalité est atteinte ou non, puis **justifier votre affirmation en citant des chiffres**. Pensez que pour que l'égalité soit atteinte, il faudrait que la part des femmes atteigne 50 % dans chaque assemblée.

**Consigne 4**

- Vous devez **expliquer** la loi sur la parité à un camarade : pourquoi elle a été votée et si elle contribue au bon fonctionnement de la démocratie en France. Vous pouvez **choisir la forme** sous laquelle vous rédigez votre explication : un paragraphe, un dialogue, un monologue... le niveau

de langage peut donc être adapté mais n'utilisez quand même pas un langage familier !
- Attention de ne pas vous éloigner du sujet en parlant de la parité dans le monde professionnel par exemple. Cette loi ne porte que sur **l'égalité en politique**.

### Les mots-clés

Parité • Constitution • Droits politiques • Députés • Électeurs • République • Démocratie ➜ fiche 15

**1** Les droits politiques dont disposent les femmes et les hommes en France sont « l'égalité devant la loi », « l'égal accès [...] aux mandats électoraux et fonctions électives » et le fait d'être « électeurs ».

**L'astuce du prof**
Citez trois droits présents dans le texte, sans oublier les guillemets.

**2** La loi sur la parité votée en 2000 « impose des listes composées d'autant d'hommes que de femmes ». Cette loi a permis d'augmenter la part des femmes élues aux différentes élections. Par exemple la part des femmes élues députées lors des élections législatives est passée de 18,5 % en 2007 à 26,9 % en 2012.

**Gagnez des points !**
Citez des chiffres et montrez que vous connaissez le nom de différentes élections.

**3** D'après le document 2, l'égalité politique entre les femmes et les hommes est loin d'être atteinte. En effet, malgré la loi sur la parité, les femmes ne représentent jamais 50 % des élus dans aucune assemblée. Ainsi elles ne sont que 25 % au Sénat en 2014.

**Gagnez des points !**
Appuyez-vous sur les chiffres cités dans le tableau en les expliquant.

**4** La loi sur la parité hommes-femmes a été votée en 2000, car il y avait beaucoup plus d'hommes que de femmes qui étaient élus. Avec cette loi, tous les partis politiques ont été obligés de présenter autant de femmes que d'hommes aux élections sous peine de payer une grosse amende. Grâce à cette loi,

**L'astuce du prof**
Montrez que l'égalité hommes-femmes s'est améliorée en politique, mais que l'égalité n'est pas encore atteinte.

le nombre de femmes élues a augmenté et on se rapproche du principe affirmé par notre Constitution qui veut que « la loi favorise l'égal accès des hommes et des femmes aux fonctions électives ». Mais on est encore loin de l'égalité : dans toutes les assemblées, les femmes sont moins nombreuses que les hommes. Au Sénat, elles n'étaient que 25 % en 2014. Au maximum, elles sont 42 % au Parlement européen.

La vie sociale  Sujet 34

## Sujet 34 — L'exercice de la laïcité

Amérique du Nord, juin 2017

**Exercice 3** — Enseignement moral et civique  **10 pts**

**Document 1** Affiche défendant le principe de la laïcité (affiche récompensée par le Prix de la laïcité de la République française en 2015)

**Document 2** Charte de la laïcité à l'École (2013)

**Article 1**
La France est une République indivisible, laïque, démocratique et sociale. Elle assure l'égalité devant la loi, sur l'ensemble de son territoire, de tous les citoyens. Elle respecte toutes les croyances

**ENSEIGNEMENT MORAL ET CIVIQUE** — **La vie démocratique**

**Article 2**
La République laïque organise la séparation des religions et de l'État. L'État est neutre à l'égard des convictions religieuses ou spirituelles. Il n'y a pas de religion d'État.

**Article 14**
Dans les établissements scolaires publics, les règles de vie des différents espaces, précisées dans le règlement intérieur, sont respectueuses de la laïcité. Le port de signes ou tenues par lesquels les élèves manifestent ostensiblement une appartenance religieuse est interdit.

## Questions

**1** Montrez que l'affiche et la Charte de la laïcité défendent la liberté d'avoir ou non une religion en France.

**2** Expliquez ce que signifie dans le document 2, l'expression « séparation des religions et de l'État ».

**3** En début d'année, pour se présenter chacun leur tour durant l'heure de vie de classe de leur collège public, Sophie, Étienne, Manuelle, Yves, Tanguy, Ismaël, Théo et Dounia doivent réaliser un portrait qui sera affiché dans la salle de cours. Ils se demandent s'ils peuvent se présenter en classe en évoquant leur religion. Quelles réponses proposent les documents 1 et 2 ?

## Sujet 34 Corrigé

### Les clés pour réussir

#### ▶ Bien comprendre les consignes

**Consigne 1**

• Il s'agit pour cette consigne de prendre des éléments tirés des deux documents pour démontrer qu'en France, les habitants sont libres d'avoir ou non une religion. Le document 1 est une **affiche** de l'Observatoire de la laïcité. Des étudiants ont mélangé des prénoms et des religions afin de montrer que **toutes les croyances, y compris l'athéisme, sont représentées dans la République française**. Le document 2 est composé d'extraits d'articles de la **Charte de la laïcité** à l'École présente dans tous les établissements scolaires. Elle **interdit** notamment les **signes religieux « ostensibles »**, c'est-à-dire les signes religieux destinés à être vus et remarqués de tous, tout en réaffirmant le **respect de toutes les croyances**.

**La vie sociale** **Corrigé 34**

• Vous devez vous servir de ces deux documents, mais vous ne pouvez pas vous contenter de les citer. Il vous faut **expliquer** votre réponse.

### Consigne 2

• Vous devez expliquer l'expression « **séparation des religions et de l'État** ». En France, les religions et l'État sont séparés : qu'est-ce que cela signifie **concrètement** dans votre vie quotidienne, notamment à l'école ? Essayez d'être le plus précis possible, en vous appuyant sur vos connaissances personnelles.

### Consigne 3

• Cette consigne imagine une situation concrète dans une classe d'un collège public. Les élèves, qui doivent réaliser leur portrait sur une affiche, se demandent s'ils ont le droit d'évoquer leur religion. Sentez-vous libre de répondre à cette consigne sous la forme que vous voulez. Il faut simplement vous appuyer sur les deux documents, qui se complètent en apportant deux éléments de réponse différents.

### Les mots-clés

• Laïcité • République • Croyances • Athée • Liberté religieuse • Signes ostensibles

**1** Sur cette affiche défendant le principe de laïcité en 2015, toutes les grandes religions sont citées, ainsi que le fait d'être athée. De même, la Charte de la laïcité à l'École, qui date de 2013, dans son article 1, affirme que la France est une République qui « respecte toutes les croyances ». Ces deux documents défendent donc la liberté d'avoir ou non une religion en France.

**L'astuce du prof**
Citez la Charte de la laïcité pour appuyer votre démonstration, en n'oubliant pas les guillemets.

**2** La Charte de la laïcité à l'École parle de « séparation des religions et de l'État ». Depuis la loi de 1905, l'État et la religion sont séparés. Cela signifie qu'il n'y a pas de religion officielle, « pas de religion d'État ». Ainsi, la République doit rester neutre tout en protégeant chaque religion de manière égale.

**Gagnez des points !**
Citez la loi de 1905 sur la séparation de l'Église et de l'État.

**3** Lors de l'heure de vie de classe dans leur collège public, les élèves de la classe de 5ᵉ 2 doivent se présenter. Ils se demandent s'ils peuvent le faire en évoquant leur religion. Un débat commence parce que tous ne sont pas d'accord.

**L'astuce du prof**
Rédigez un dialogue entre les différents élèves qui peuvent se lancer dans un débat, en défendant chacun un point de vue.

**ENSEIGNEMENT MORAL ET CIVIQUE**

**167**

**ENSEIGNEMENT MORAL ET CIVIQUE** — *La vie démocratique*

Yves : « Moi, je vais écrire sur mon affiche : "Je m'appelle Yves, j'ai 13 ans et je suis protestant". »

Ismaël : « Eh, t'as pas le droit de parler de ta religion en classe. »

Yves : « Pourquoi ? C'est parce que t'as pas de religion que tu me dis ça ? »

Ismaël : « Non, c'est parce qu'on est dans un collège laïc. T'as pas lu la Charte de la laïcité dans ton carnet ? »

Dounia : « Oui, Ismaël a raison. On n'a pas le droit de parler de religion en classe. »

Théo : « Mais, si on a le droit, car toutes les croyances sont acceptées à l'école. D'ailleurs, on a étudié l'islam au début de l'année en histoire. »

Étienne : « Vous n'avez rien compris, ce sont les signes religieux qui sont interdits à l'école. Et encore, que ceux qui sont super visibles. C'est ça que veut dire "ostensiblement" ».

Yves : « Oui, mais quand je me présente, je dis ma religion, c'est important pour moi ! Ça fait partie de mon identité. »

Sophie : « Moi, je pense qu'on peut dire sa religion sur l'affiche, mais que ça doit pas prendre trop de place, parce qu'on est des élèves avant tout. »

Manuella : « Moi, je suis d'accord. Si on met tous notre religion sur l'affiche, et même si Ismaël dit qu'il est athée, dans ce cas il n'y a pas de favoritisme, ce sera bien, on verra que toutes les croyances sont représentées et qu'on s'entend tous bien, qu'on respecte les croyances de tout le monde. »

# Sujet 35 — Parcours citoyen

**Asie, juin 2017**

### Exercice 3 — Enseignement moral et civique — 10 pts

**Document 1 — Le parcours de citoyenneté**

La formation de tous les jeunes aux enjeux de la Défense et de la citoyenneté repose, depuis la loi du 28 octobre 1997 suspendant le service militaire, sur un parcours citoyenneté. Ce dernier comporte trois étapes obligatoires :

**L'ENSEIGNEMENT DE DÉFENSE, LORS DE LA SCOLARITÉ (MIN. ÉDUCATION NATIONALE)**

**LE RECENSEMENT À 16 ANS EN MAIRIE (COLLECTIVITÉS LOCALES)**

**LA JOURNÉE DÉFENSE ET CITOYENNETÉ – JDC (MIN. DÉFENSE)**

MIN. ÉDUCATION NATIONALE : ministère de l'Éducation nationale.
MIN. DÉFENSE : ministère de la Défense.

Direction du service national, plaquette de présentation, administration centrale, 2015, d'après le site Internet www.ac-poitiers.fr.

**ENSEIGNEMENT MORAL ET CIVIQUE** — **La défense et la paix**

> **Document 2** — **La Défense nationale**
>
> La Défense et la sécurité nationale sont l'affaire de tous les Français ; elles requièrent leur confiance dans l'action que mènent les pouvoirs publics et la certitude que ces derniers mettent tout en œuvre pour garantir l'indépendance de la France et assurer la protection de sa population. L'élaboration et la mise en œuvre de la stratégie de Défense et de sécurité nationale associent, sous l'autorité du président de la République, l'ensemble des pouvoirs publics, ce qui garantit que cette stratégie exprime la volonté de la Nation. […] Sa présentation au Parlement en assoit la légitimité et ouvre un nécessaire débat public sur des choix qui engagent la Nation.
>
> *Livre blanc sur la Défense*, 2013.

## Questions

**1** Montrez à l'aide du document 1 que les jeunes Français sont impliqués dans la Défense nationale en rappelant les trois étapes du parcours citoyenneté.

**2** En vous appuyant sur les deux documents, identifiez au moins 4 acteurs participant à la Défense nationale.

**3** Vous allez devoir participer à la Journée Défense et citoyenneté. En vous appuyant sur vos connaissances et les documents, rédigez un paragraphe d'une dizaine de lignes où vous expliquerez pourquoi chaque Française et chaque Français a un rôle dans la Défense nationale.

## Sujet 35 Corrigé

### Les clés pour réussir

#### Bien comprendre les consignes

**Consigne 1**

- Pour cette consigne, vous devez simplement **décrire** les trois étapes du parcours de citoyenneté en précisant le rôle joué par les jeunes citoyens dans ce parcours. Appuyez-vous sur le document 1.

**Consigne 2**

- Par « acteurs », la consigne fait référence **aux personnes et aux institutions** qui participent à la Défense nationale.
- Le document 1 vous permet d'identifier **trois acteurs institutionnels, auxquels s'ajoutent les participants au parcours de citoyenneté.** Le

## La défense et l'action internationale de la France — Corrigé 35

document 2 présente les différents **pouvoirs publics** impliqués dans les décisions organisant la Défense nationale, ainsi que le rôle des citoyens. La consigne vous demande « au moins » quatre acteurs, ce qui signifie que vous pouvez en citer plus.

**Consigne 3**
- La première phrase de la consigne n'est pas à prendre en compte pour rédiger votre réponse.
- On attend de vous que vous rédigiez un paragraphe d'une dizaine de lignes. **Vous pouvez vous appuyer sur vos réponses aux deux consignes précédentes** pour organiser votre développement. **Grâce à vos connaissances, décrivez plus précisément** ce que l'on fait pendant la JDC et le rôle du président et du Parlement dans la Défense nationale.

### Les mots-clés

Citoyenneté ● Défense nationale ● Service militaire ● Parcours de citoyenneté ● Recensement ● JDC ● Nation ● Parlement → fiche 17

**1** Les jeunes Français, depuis la loi du 28 octobre 1997, sont impliqués dans la Défense nationale. Ils participent tous, garçons comme filles, au parcours de citoyenneté qui comprend trois étapes : l'enseignement de la Défense au collège et au lycée ; le recensement à 16 ans en mairie ; la Journée Défense et citoyenneté (JDC) avant l'âge de 18 ans.

> **Gagnez des points !**
> Précisez que ce parcours concerne les garçons comme les filles.

**2** Dans les deux documents, de nombreux acteurs participant à la Défense nationale sont cités : le ministère de l'Éducation nationale, les collectivités locales (mairies), le ministère de la Défense, le président de la République, le Parlement, mais aussi la Nation entière, c'est-à-dire tous les Français.

> **L'astuce du prof**
> Observez bien le document 1 : chaque étape est organisée par un acteur important.

**3** Chaque Française et chaque Français a un rôle dans la Défense nationale. Tout d'abord, depuis la suspension du service militaire par le président Jacques Chirac en 1997, tous les jeunes Français, garçons comme filles, participent au parcours de citoyenneté qui les forment aux enjeux de la Défense nationale. Au collège et au lycée, il existe un enseignement de la Défense qui présente ses buts et ses missions. À 16 ans, le recensement est organisé par les mairies pour inscrire les futurs citoyens sur les listes élec-

> **Gagnez des points !**
> Ne vous contentez pas de recopier les documents, mais montrez que vous avez des connaissances personnelles sur le sujet.

ENSEIGNEMENT MORAL ET CIVIQUE

## ENSEIGNEMENT MORAL ET CIVIQUE — La défense et la paix

torales et pour qu'ils reçoivent, avant leurs 18 ans, une convocation pour la Journée Défense et citoyenneté. Lors de cette journée, les jeunes citoyens rencontrent des femmes et des hommes de la Défense qui leur exposent les enjeux de la Défense nationale et leur présentent ses différents métiers.

Les citoyens sont également impliqués dans la Défense nationale tout au long de leur vie. En effet, ils élisent au suffrage universel le président de la République qui est le chef des armées, qui possède les codes nucléaires et qui nomme le Premier ministre, responsable de la Défense nationale, ainsi que le ministre des Armées. De même, ils élisent le Parlement, qui vote le budget de la Défense après en avoir débattu.

> **L'astuce du prof**
>
> Utilisez vos connaissances d'Histoire et d'EMC sur les pouvoirs du président de la République, ainsi que sur ceux du Parlement.

# Sujets d'oral

**Parcours d'éducation artistique et culturelle** 174

**Parcours citoyen** 177

**EPI : transition écologique et développement durable** 181

**SUJETS D'ORAL** — Parcours d'éducation artistique et culturelle

# Sujet 36 — Otto Dix, *Les Joueurs de skat*

**Sujet inédit**

## Exposé

Seul : 5 min   En groupe : 10 min

**Projet**

Dans le musée virtuel que nous avons élaboré dans notre Parcours Éducation culturelle et artistique, nous avons choisi *Les Joueurs de skat* d'Otto Dix. Nous vous présentons cette œuvre.

**Parcours** Éducation artistique et culturelle
**Titre du projet** Otto Dix, *Les Joueurs de skat*
**Contenu du projet** Savoir analyser une œuvre d'art

**Document** Otto Dix, *Les Joueurs de skat*, 1920.
Huile sur toile, 110 x 87 cm, Neue Nationalgalerie, Berlin

**Sujet inédit** Corrigé 36

## Entretien avec les examinateurs

Voici des questions que pourrait vous poser le jury :
**1** Pourquoi avez-vous choisi de nous présenter cette œuvre ?
**2** Pouvez-vous développer un peu plus la biographie d'Otto Dix et nous dire ce qui lui est arrivé quand Hitler est arrivé au pouvoir en Allemagne ?
**3** Connaissez-vous d'autres tableaux qui ont le même thème que celui d'Otto Dix ?
**4** Connaissez-vous d'autres tableaux qui concernent la Première Guerre mondiale ?

## Sujet 36 Corrigé

### Les clés pour réussir

#### ▶ Présenter le document

- Pour présenter un tableau, il vous faut relever le nom du peintre, le titre de l'œuvre, la date de sa création, ses dimensions, la technique utilisée et le type de support (ici, une peinture à l'huile sur une toile).
- Le lieu d'exposition de l'œuvre, indiqué ici, est moins indispensable.

#### ▶ Décrire les personnages et le décor

- Pour décrire les personnages, demandez-vous qui ils sont, ce qu'ils font et comment ils sont représentés.
- Il vous faut également vous demander comment le peintre place ses personnages dans le tableau, ce qu'il met dans la lumière et ce qu'il laisse dans l'ombre. Il faut donc s'interroger sur la « mise en scène », c'est-à-dire la composition du tableau choisie par le peintre.
- Vous pouvez essayer de repérer les lignes directrices du tableau, sa perspective, etc. Ici, il faut remarquer que l'espace est déformé.

#### ▶ Expliquer le tableau

- Pour expliquer un tableau, il faut se demander pourquoi le peintre a représenté cette scène et éventuellement si son tableau porte un message critique sur la société dans laquelle il vit.
- Pour *Les Joueurs de skat,* il existe un décalage entre le titre de l'œuvre qui semble nous présenter une scène conviviale de la vie quotidienne et son sens réel.
- Demandez-vous pourquoi Otto Dix a peint ce tableau et faites le lien entre vos observations et vos connaissances personnelles tirées du cours.

## SUJETS D'ORAL — Parcours d'éducation artistique et culturelle

### Exposé

Ce tableau intitulé *Les Joueurs de skat* est **une peinture d'Otto Dix datant de 1920**. C'est une **huile sur toile**, dont les dimensions sont de **1 m 10 sur 87 cm** ; c'est donc une peinture relativement petite. Otto Dix est lui-même un ancien combattant allemand de la Première Guerre mondiale. On l'a rattaché au mouvement expressionniste allemand qui cherchait à provoquer l'émotion du spectateur en déformant la réalité.

Les personnages présents ici ont tout le **corps mutilé et déformé**. Ce sont **d'anciens combattants, des « gueules cassées »** qui jouent aux cartes (au skat). Par exemple, le personnage de gauche n'a plus d'œil ; un conduit auditif posé sur la table lui sert d'oreille ; il a une main mécanique et tient ses cartes avec son pied. **Les autres personnages sont tout aussi déformés** ; celui de droite est juste posé sur sa chaise, dépourvu de jambes. **La déformation des corps est accentuée par la déformation de l'espace** : les chaises s'entremêlent à la table et aux jambes artificielles ; **des journaux rappelant des événements de la guerre** semblent être affichés au-dessus des têtes. **La lumière d'une ampoule électrique éclaire fortement la scène et souligne encore davantage la déformation des corps**.

À travers cette scène, Otto Dix dénonce **la violence des combats et le traumatisme subi par les anciens combattants**. Les mutilations sont là pour rappeler l'horreur des combats et **la brutalisation qu'a entraînée l'armement moderne**. Ces « gueules cassées » sont exclus de la société : ils ne peuvent plus que jouer aux cartes. **Otto Dix dénonce donc la guerre, mais aussi ses conséquences sur la société d'après-guerre**. Le traumatisme est physique, mais aussi psychologique et ne s'effacera jamais.

> **Gagnez des points !**
> Mobilisez vos connaissances d'histoire des arts pour mieux présenter le tableau et son auteur. Si vous connaissez le courant artistique auquel il se rattache, n'hésitez pas à l'insérer dans votre réponse.

> **Pièges à éviter**
> La partie « décrire » ne doit pas être trop longue : ne faites pas une liste sans fin de chaque détail du tableau, mais relevez les éléments les plus importants et que vous pourrez ensuite expliquer.

> **Gagnez des points !**
> Pensez à utiliser un vocabulaire précis appris en cours :
> « mutilés », « gueules cassées », « traumatisme », « brutalisation », etc.

# Sujet 37 — Aménagement des territoires français et engagement citoyen

**Sujet inédit**

## Exposé

Seul : 5 min   En groupe : 10 min

**Projet**

Dans le cadre du « Parcours citoyen » que nous avons suivi au collège, nous avons choisi de nous intéresser à la place et au rôle des citoyens dans la mise en œuvre des mesures prises en matière d'aménagement des territoires français.

**Parcours** Citoyen

**Titre du projet** Aménagement des territoires français et engagement citoyen

**Contenu du projet** Comprendre le rôle des citoyens dans l'aménagement des territoires

**Document** Manifestation contre le projet d'aéroport de Notre-Dame des Landes à Nantes en janvier 2016

**SUJETS D'ORAL — Parcours citoyen**

### Entretien avec les examinateurs

Voici des questions que pourrait vous poser le jury :

**1** Quel est le principal mode d'expression de la citoyenneté dans la démocratie ?

**2** À quelle liberté fondamentale peut-on associer le droit de manifester ?

## Sujet 37 Corrigé

### Les clés pour réussir

#### ▶ Présenter le sujet

- Le parcours Citoyen a pour double objectif de vous faire connaître les valeurs de la République et de vous conduire à devenir des citoyens responsables et libres : il faut donc montrer d'emblée aux examinateurs que votre sujet répond à ces deux exigences.

- Compte tenu de l'ampleur du sujet et du temps imparti, il convient de préciser au jury que vous ne pourrez pas multiplier les exemples dans le cadre de l'exposé (en prévoyant d'en citer d'autres au moment de l'entretien...).

#### ▶ Croiser les différentes approches disciplinaires

- La dimension géographique du sujet est essentielle. Elle relève principalement du Thème 2 du programme « Pourquoi et comment aménager le territoire ? ».

- Pour autant, n'oubliez pas que l'exposé et l'entretien doivent également mobiliser les connaissances et les compétences que vous avez construites dans d'autres champs disciplinaires (en histoire et en EMC notamment) tout au long de votre scolarité dans le cycle 4. Il s'agit donc d'employer certaines expressions-clés telles que « modèle social républicain », « liberté », « démocratie », « conquête des droits politiques »...

### Exposé

**Les inégalités sociales et économiques s'observent à toutes les échelles du territoire français.** Ces disparités ont tendance à s'accentuer depuis quelques décennies sous l'effet de la métropolisation, de l'intégration européenne et de la mondialisation. Pour en atténuer la portée, l'État et les collectivités territoriales mettent en œuvre des **politiques d'aménagement du territoire**. Les mesures correspondantes ne sont pas toujours acceptées par les citoyens. Certains

> **Gagnez des points !**
> Inscrivez votre réflexion dans une perspective suffisamment large pour vous permettre d'apporter de nouvelles informations pendant l'entretien ; n'oubliez pas de « problématiser » l'exposé en terminant l'introduction par une question.

d'entre eux s'engagent alors dans une démarche de contestation parfois virulente... **Comment s'exerce la citoyenneté des Français en matière d'aménagement du territoire ?**

Envisageons l'exemple du projet de construction d'un nouvel aéroport international dans l'ouest de la France, à Notre-Dame-des-Landes. Le projet a été envisagé dès les années 1960 pour remplacer l'actuel aéroport de Nantes. Il a été relancé dans les années 2010 afin de répondre à la croissance attendue des flux aériens.

Depuis, ses détracteurs multiplient les initiatives pour que les autorités publiques renoncent à sa construction. Ils dénoncent en particulier les conséquences économiques et environnementales du projet. Privés de leurs terres et de leurs exploitations, les agriculteurs n'auraient en effet d'autre choix que de partir ; les paysages ruraux du territoire concerné en seraient profondément bouleversés.

Dans cette lutte, de simples citoyens unissent leurs efforts à ceux des militants de mouvements écologistes, de partis politiques ou d'organisations syndicales. Ils utilisent des moyens variés pour arriver à leurs fins : occupation de la ZAD (zone d'aménagement différé), pétitions, manifestations, blocages des voies de communication... En niant l'intérêt général et en refusant les nuisances subies par les riverains, les opposants sont accusés d'avoir un comportement de type « Nimby » ou « Banana ».

> **Gagnez des points !**
> Pour montrer l'étendue de vos connaissances et prendre appui sur l'actualité, vous pouvez établir des parallèles entre cette manifestation et d'autres mouvements d'opposition à des projets d'aménagement du territoire : installation de lignes à haute tension, construction du centre d'enfouissement des déchets nucléaires dans la Meuse...

> **Gagnez des points !**
> « Banana » (de l'anglais *build absolutely nothing anywhere near anyone*, soit « ne rien construire nulle part ni près de personne ») et « Nimby » (*not in my backyard*, soit « pas dans mon arrière-cour ») sont des acronymes qui désignent la résistance de la population locale face à des décisions d'aménagement de l'État.

L'expression de cette opposition est pourtant un signe de bonne santé de la démocratie en France : elle montre qu'un dialogue est possible entre citoyens et pouvoirs publics. L'exercice du débat contradictoire entre citoyens d'une part, et avec ceux qui les représentent d'autre part, garantit le respect des libertés fondamentales des Français.

Cette forme d'exercice de la citoyenneté se heurte à certaines limites comme en témoignent des actes de violence et de sabotage commis à l'occasion de manifestations récentes. C'est alors à la justice d'appliquer les règles de droit ; c'est également à elle de rendre un jugement quand les négociations entre l'État et ses opposants n'ont pas permis de trouver un compromis.

## SUJETS D'ORAL — Parcours citoyen

### Entretien avec les examinateurs

**1** Le vote au suffrage universel est un élément fondamental de la citoyenneté : c'est le fondement de la République française.

**2** Manifester relève de la liberté d'expression, droit fondamental de tout citoyen français.

**3** Cette question est l'occasion de démontrer que vous vous intéressez à la vie de votre commune, de votre département ou de votre région et que vous en serez bientôt un citoyen actif et éclairé. Vous pouvez en outre préciser de quelle manière les médias locaux ont rendu compte des arguments en présence pour aborder le rôle joué par la presse dans la vie sociale et politique du territoire concerné.

# Sujet 38 — Transports et mobilités urbaines en France

*Sujet inédit*

## Exposé

*Seul : 5 min   En groupe : 10 min*

**Projet**
Dans le cadre de l'enseignement pratique interdisciplinaire « Transition écologique et développement durable », nous avons réfléchi aux enjeux liés à la question des transports et des mobilités dans les villes françaises.

**EPI** Transition écologique et développement durable
**Titre du projet** Transports et mobilités urbaines en France
**Contenu du projet** Exploiter une photographie de presse

**Document** Station de rechargement de véhicules électriques en partage à Grenoble

Depuis 2014, les habitants de l'aire urbaine de Grenoble disposent d'un service d'autopartage de véhicules 100 % électriques ; il complète l'offre de transports publics en proposant une solution pour les premiers ou les derniers kilomètres des déplacements individuels en agglomération.

# SUJETS D'ORAL — EPI – Transition écologique et développement durable

## Entretien avec les examinateurs

Voici des questions que pourrait vous poser le jury :

**1** Par quel terme désigne-t-on un déplacement qui associe des moyens de transport différents ?

**2** Pour quelles raisons le nombre de déplacements quotidiens dans les aires urbaines métropolitaines françaises a-t-il considérablement augmenté au cours de ces dernières années ?

**3** Quelle distinction faire entre « mobilité douce » et « écomobilité » ?

## Sujet 38 Corrigé

### Les clés pour réussir

#### ▶ Présenter le sujet

- L'introduction de votre exposé doit permettre aux examinateurs de comprendre immédiatement l'intérêt du sujet traité. Il convient d'en indiquer clairement le sens et la « problématique », c'est-à-dire la question générale autour de laquelle s'articulera votre démonstration.
- Il ne s'agit pas de définir un à un les termes que vous allez utiliser : les précisions sur le vocabulaire pourront être apportées au fil de votre intervention ou en réponse à la question posée par un membre du jury.

#### ▶ Croiser les différentes approches disciplinaires

- La dimension géographique du sujet est essentielle. Elle relève principalement du premier thème du programme « Dynamiques territoriales de la France contemporaine ».
- Cependant, l'exposé et l'entretien doivent également mobiliser et mettre en relation les connaissances d'autres champs disciplinaires :
– en physique : mouvement et interaction, l'énergie et ses conversions...
– en SVT : la planète Terre, l'environnement et l'action humaine...
– en technologie : design, innovation et créativité ; les objets techniques, les services et les changements induits dans la société...

#### ▶ Convaincre les membres du jury

- Parmi les critères de réussite de l'épreuve, votre capacité de conviction joue un rôle majeur ; il s'agit de s'exprimer clairement, en utilisant un langage précis et adapté et en suivant un plan cohérent.
- À l'issue de l'exposé, il faut aborder l'entretien d'une manière sereine tout en restant bien concentré afin d'apporter aux examinateurs les précisions qu'ils attendent.

## Exposé

En France, **80 % de la population vit au sein de grandes aires urbaines**. Avec leur extension et la multiplication des déplacements individuels, les **mobilités urbaines ont considérablement augmenté**, ce qui aggrave les problèmes de pollution dans l'ensemble des métropoles du pays.

Dès lors, comment rendre compatibles développement des transports urbains et **développement durable** ? Plusieurs éléments de réponse peuvent être envisagés :

– le **développement des transports collectifs** : nettement moins polluants que la voiture, ils exigent des investissements importants qui ne peuvent s'envisager qu'à moyen ou long terme ;
– la mise en œuvre d'une **offre de transports alternative** : covoiturage, parc de véhicules électriques en partage, gyropodes, etc. ;
– la promotion des **mobilités douces** : vélos, rollers et trottinettes constituent des moyens de se déplacer sans émission de gaz à effet de serre.

Les transformations des modes de transport sont encore malgré tout insuffisantes pour diminuer significativement leur impact environnemental : les mesures de restriction de la circulation en cas de pic de pollution, la gratuité du stationnement résidentiel, la création de nouvelles infrastructures en site propre et la création d'écoquartiers sont autant de mesures qui montrent cependant que le modèle de la **« ville durable »** s'impose peu à peu comme la seule perspective viable.

> **Gagnez des points !**
> Votre exposé doit être le reflet de votre investissement dans un projet ; il faut que votre présentation soit construite comme une démonstration, une réponse à la question que vous vous êtes posée initialement.

> **Pièges à éviter**
> Il n'est pas toujours possible d'accorder la même importance à chaque argument, faute de temps. Ne retenez que ce qui vous semble fondamental et soulignez le caractère transversal de vos explications.

## Entretien avec les examinateurs

**1** On parle d'**intermodalité** ou de **multimodalité**. En ville, le nombre et la diversité des déplacements individuels (origine et destination des flux, horaires et fréquence des déplacements…) sont tels que l'offre de transports collectifs ne peut répondre seule aux besoins. Les citadins doivent pour la majorité d'entre eux combiner des modes de transport distincts pour se rendre d'un lieu à un autre.

**2** **Le nombre de déplacements quotidiens a fortement augmenté** ces dernières années

> **Gagnez des points !**
> Les plans de déplacement urbain privilégient de plus en plus l'aménagement de lieux articulant plusieurs modes de transport. N'hésitez pas à donner des exemples : parkings à proximité des stations de tramway, stations de location de vélos à la sortie du métro…

## SUJETS D'ORAL — EPI – Transition écologique et développement durable

dans les principales aires urbaines françaises, **la voiture étant de loin le mode de transport le plus répandu**. Ainsi, parmi les 25 millions de Français qui quittent quotidiennement leur domicile, 19 millions se déplacent en voiture. La majorité du parc automobile roule au **diesel**, l'un des carburants les plus polluants. Les déplacements en transports en commun augmentent également : en Île-de-France, ils représentent désormais un total annuel de 4,3 milliards de voyages. **Plusieurs facteurs justifient l'augmentation de la mobilité des citadins** : les aires urbaines s'étendent ; la distance entre le lieu de résidence et le lieu d'activité s'accroît : cela entraîne l'allongement des déplacements de la population active tant en distance qu'en temps de trajet ; les modes de vie évoluent : le développement de nouvelles pratiques culturelles et récréatives repose souvent sur la fréquentation de lieux parfois très éloignés les uns des autres, etc.

**3** L'expression **« mobilité douce »** désigne les **modes de déplacement qui ont uniquement recours à l'énergie humaine**, tels que la marche à pied, les rollers et le vélo. Ils permettent d'agir contre les différentes formes de pollution urbaine (atmosphérique, sonore...) et plus largement de **réduire la production de gaz à effet de serre**.

L'écomobilité associe la mobilité douce et les **modes de transport motorisés les plus respectueux de l'environnement**, tels que les transports publics, le covoiturage et l'autopartage. De « nouveaux » moyens de transport urbain (gyropode, monocycle ou skate électrique) à faible consommation énergétique sont assimilés aux piétons et permettent aux citadins de circuler sur les trottoirs.

# Révisions et méthode

| | |
|---|---|
| **REPÈRES DE LA 3ᵉ** | 186 |
| **FICHES DE RÉVISIONS** | 189 |
| **CARTES REPÈRES DU COLLÈGE** | 205 |
| **FICHES MÉTHODE POUR LE BREVET** | 217 |

▶ En flashant cette page, des exercices interactifs sur tous les thèmes du programme.

## Repères chronologiques de la 3e

| Date | Repère | Description |
|---|---|---|
| 1914-1918 | La Première Guerre mondiale | Guerre caractérisée par la violence de masse : guerre de tranchées, violences contre les civils (génocide des Arméniens). |
| | | **1916** : Bataille de Verdun. Attaque allemande de la France sur le front de l'ouest. Verdun est le symbole de la guerre totale : guerre de tranchées, guerre industrielle, mobilisation de l'arrière, très lourdes pertes. |
| | | **11 novembre 1918** : Armistice signé par la France et l'Allemagne, qui met fin aux combats et à la Première Guerre mondiale. |
| 1917 | La Révolution russe | Coup d'État bolchevique organisé par Lénine et Trotski. Mise en place par Lénine du régime communiste en Russie, le premier dans l'histoire. |
| 1924-1953 | Staline au pouvoir | Staline succède à Lénine à la tête de l'URSS. Il organise la collectivisation des terres et met en place un régime totalitaire. |
| 1933-1945 | Hitler au pouvoir | Chef du parti nazi, Hitler met en place un régime totalitaire fondé sur le culte du chef, la supériorité de la race aryenne, l'antisémitisme et la conquête de l'espace vital, qui mène à la Seconde Guerre mondiale. |
| 1936 | Victoire électorale et lois sociales du Front populaire | Les mesures prises par le gouvernement du Front populaire font progresser la démocratie sociale : reconnaissance du droit syndical, semaine de 40 heures, 14 jours de congés payés. |
| 1939-1945 | La Seconde Guerre mondiale | Guerre d'anéantissement. Elle se déroule sur tous les continents et son bilan humain est très lourd (50 millions de victimes, génocide des Juifs et des Tziganes). Sa fin est marquée par la capitulation de l'Allemagne le 8 mai 1945 en Europe et par la capitulation du Japon, après l'explosion des bombes atomiques sur Hiroshima et Nagasaki en août 1945. |
| 18 juin 1940 | Appel du général de Gaulle | Acte de naissance de la Résistance française. De Gaulle prononce depuis la radio de Londres un appel aux Français pour refuser l'armistice demandé par Pétain. |
| 1940-1944 | Le régime de Vichy | Régime de dictature mis en place par le maréchal Pétain, qui mène une politique de collaboration avec l'Allemagne nazie. |

## Repères chronologiques

| Date | Repère | Description |
|---|---|---|
| 1944-1945 | Libération de la France | Libération par les armées alliées qui débarquent en France et par la Résistance intérieure. |
| | Rétablissement de la République (la IVe) | Le Gouvernement provisoire de la République française rétablit la République et fait progresser la démocratie : droit de vote accordé aux femmes (1944), sécurité sociale pour tous (1945). |
| 1947-1962 | Principale phase de décolonisation | Indépendance de la plupart des colonies des États européens, par la négociation (Inde) ou par la guerre (Algérie). |
| 1961-1989 | Le Mur de Berlin | **1961** : contexte de guerre froide. Construction par la RDA, soutenue par l'URSS, d'un mur qui isole Berlin Ouest (RFA), et empêche les Allemands de l'Est de migrer vers l'Allemagne de l'Ouest, soutenue par les États-Unis.<br>**1989** : destruction du Mur de Berlin par les Berlinois de l'Est. Fin de la guerre froide. |
| 1957 | Les traités de Rome | Signés en 1957 entre six États européens, ils créent la Communauté économique européenne (CEE). |
| 1958-1969 | Les années de Gaulle | Retour au pouvoir du général de Gaulle en 1958 : il fonde la Ve République, dont la Constitution accorde un pouvoir fort au président de la République. |
| 1981-1995 | Les années Mitterrand | Pour la première fois sous la Ve République, arrivée de la gauche au pouvoir avec l'élection du socialiste François Mitterrand à la présidence de la République. L'alternance politique est ensuite à l'origine de deux cohabitations. |
| 1992 | Le traité de Maastricht | Ce traité marque la création de l'Union européenne (28 États en 2015), grand marché intérieur où circulent librement les marchandises, les services et les personnes. Les citoyens des États membres disposent de la citoyenneté européenne. |
| 1995-2007 | Les années Chirac | Retour de la droite au pouvoir avec l'élection de Jacques Chirac à la présidence de la République, mais cohabitation de cinq années avec la gauche. |
| 2002 | L'euro, monnaie européenne | Monnaie commune qui remplace les monnaies nationales dans 19 États de l'UE, dont la France. |

# Repères spatiaux de la 3ᵉ

## 2. Repères spatiaux de la 3ᵉ

| Repère | Description | Carte-repère | Voir sujet |
|---|---|---|---|
| Dynamiques territoriales de la France contemporaine | Une dizaine d'aires urbaines françaises parmi les plus peuplées.<br>La distribution de la population, les principaux espaces fortement peuplés.<br>Des exemples d'aires urbaines dynamiques, de métropoles et d'espaces insérés dans la mondialisation.<br>Des points d'entrée du territoire comme des ports et des aéroports, des interfaces frontalières, des façades maritimes.<br>Des grands repères physiques : massifs montagneux et forestiers, grandes vallées et grands fleuves, domaines bioclimatiques en lien avec l'étude des dynamiques spatiales de la population. | → 18<br>→ 21<br>→ 22<br>→ 23<br>→ 24<br>→ 25 | → sujet 22<br>→ sujet 23<br>→ sujet 24 |
| Pourquoi et comment aménager le territoire ? | La nouvelle région administrative du collège ; les 13 régions métropolitaines ; les axes de transport ; les grands traits de l'organisation du territoire national ; les territoires ultra-marins parmi lesquels les 5 DROM. | → 17<br>→ 26<br>→ 30 | → sujet 25<br>→ sujet 26 |
| La France et l'Union européenne | La carte des États membres de l'UE ; l'UE sur un planisphère montrant les grands pôles économiques mondiaux ; les principales métropoles européennes et les sièges des institutions européennes ; la mégalopole européenne et les grands axes de l'espace européen ; l'exemple de la région transfrontalière étudiée.<br>Les façades maritimes européennes et quelques fleuves principaux ; le territoire français ultramarin ; quelques États francophones dans le monde. | → 19<br>→ 20<br>→ 27<br>→ 28<br>→ 29 | → sujet 27<br>→ sujet 28 |

# 3 Civils et militaires pendant la Première Guerre mondiale

## ▶ Les dates-clés

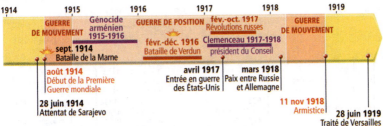

## ▶ L'essentiel à retenir

**Pourquoi la Première Guerre mondiale est-elle une guerre d'un genre nouveau ? Pourquoi a-t-elle des conséquences si importantes ?**

### Guerre totale : mobilisation des sociétés

- mobilisation générale des hommes en âge de se battre
- mobilisation de la population civile dans les champs et les industries de guerre
- mobilisation des esprits : propagande et « bourrage de crânes », censure
- mobilisation économique : industries de guerre, emprunts nationaux, mobilisation des scientifiques, etc.

### Violence et brutalisation des sociétés

- violence extrême des combats : guerre de tranchées, armement moderne, 9 millions de soldats tués
- conditions de vie déplorables dans les tranchées
- répercussion de cette violence dans la société civile (deuil, propagande qui déshumanise l'ennemi, difficile réinsertion des invalides, etc.)
- ces violences engendrent d'autres violences : génocide arménien, insurrections révolutionnaires

### Conséquences territoriales et politiques

- l'Allemagne et ses alliés déclarés responsables de la guerre par le traité de Versailles et lourdement sanctionnés
- les frontières de l'Europe sont entièrement redessinées
- la guerre est un des déclencheurs de la révolution bolchevique en Russie, en octobre 1917
- la Révolution russe entraîne une vague révolutionnaire en Europe au lendemain de la guerre

## Fiches de révisions

# 4 Les régimes totalitaires dans les années 1930

### ▶ Les dates-clés, l'Allemagne nazie

| 1918 | 1920 | | 1929 | 1933 | | 1939 |

- II<sup>ème</sup> Reich
- RÉPUBLIQUE
- Crise économique et sociale
- III<sup>ème</sup> Reich

**1919** Traité de Versailles qui humilie l'Allemagne et met fin au II<sup>ème</sup> Reich

**11 nov. 1918** Armistice et défaite de l'Allemagne

**1923** Échec de la prise de pouvoir par la force d'Hitler et son parti nazi

**1 mars 1933** Le parti gagne les élections. Hitler chancelier

**1934** Hitler obtient les pleins pouvoirs. Il devient « Reichsführer »

**1935** Loi de Nuremberg

**2 septembre 1939** Hitler envahit la pologne, début de la Seconde Guerre mondiale.

### ▶ L'essentiel à retenir

| Définition d'un régime totalitaire | L'URSS de Staline, un régime totalitaire | L'Allemagne nazie, un régime totalitaire |
|---|---|---|
| **Une dictature personnelle…**<br>– un seul chef<br>– un seul parti<br>– privation des libertés | **Une dictature personnelle…**<br>– Staline<br>– le Parti communiste<br>– Ex. : liberté de la presse, liberté de circulation, etc. | **Une dictature personnelle…**<br>– Hitler<br>– le Parti nazi<br>– Ex. : liberté de la presse, liberté de penser, etc. |
| **… qui vise à imposer une idéologie…** | **… qui vise à imposer le communisme…**<br>– collectivisation<br>– planification<br>– égalitarisme et société sans classe | **… qui vise à imposer une idéologie raciste et nationaliste…**<br>– mythe de la « race aryenne »<br>– persécution des Juifs<br>– espace vital |
| **… en encadrant et en terrorisant la population**<br>– embrigadement dans des organisations à tout âge de la vie<br>– propagande et culte de la personnalité<br>– déportation et terreur par une police politique | **… en encadrant et en terrorisant la population**<br>– école et Jeunesses communistes<br>– culte de la personnalité autour de Staline, propagande pour la collectivisation<br>– NKVD et goulags | **… en encadrant et en terrorisant la population**<br>– école et Jeunesses hitlériennes<br>– culte de la personnalité autour d'Hitler, propagande antisémite<br>– SS, Gestapo et camps de concentration |

# 5. La République de l'entre-deux-guerres : une démocratie fragilisée

## ▶ Les personnages-clés

**Georges Clemenceau**
1841-1929
Homme politique français, défenseur de la République. Deux fois président du Conseil, il est surnommé le « Tigre » en raison de sa lutte acharnée contre les criminels, puis, pendant la guerre, contre les Allemands. En 1918, il devient le « Père la victoire ».

**Léon Blum**
1872-1950
Principal responsable de la SFIO (parti socialiste), il est le président du Conseil du Front populaire en 1936. Déporté pendant la Seconde Guerre mondiale, il revient à la vie politique à la Libération.

## ▶ L'essentiel à retenir

**La France...**

| ... dans les années 1920, une république victorieuse, mais fragilisée | ... dans les années 1930, une république en crise, mais victorieuse |
|---|---|
| – fin de l'Union sacrée<br>– agitation sociale et risque révolutionnaire | – crise économique et sociale<br>– agitation politique des ligues d'extrême droite |
| – victoire de la droite<br>– division de la gauche entre SFIO et PCF au Congrès de Tours | – victoire du Front populaire en 1936<br>– mesures sociales qui améliorent la vie des classes populaires<br>– forte opposition au Front populaire d'une partie de la population |

*Fiches de révisions*

## 6 La Seconde Guerre mondiale, une guerre d'anéantissement (1939-1945)

### ▶ Les dates-clés

### ▶ L'essentiel à retenir

**La Seconde Guerre mondiale : une rupture majeure**

| **Une guerre d'anéantissement aux dimensions planétaires** | **La domination nazie sur l'Europe conduit à la barbarie** | **La Seconde Guerre mondiale fait naître un nouvel ordre international** |
|---|---|---|
| – guerre totale et mondiale<br>– choc des idéologies<br>– destruction de masse avec des villes entières détruites<br>– crimes contre l'humanité et Shoah<br>– plus de 50 millions de morts | – différents modes d'occupation, de l'annexion à la collaboration<br>– pillage économique et humain<br>– répression et terreur<br>– mise en œuvre de la « solution finale » | – l'Europe est affaiblie<br>– les colonies réclament plus ouvertement leur indépendance<br>– les États-Unis et l'URSS apparaissent comme les deux grands vainqueurs de la guerre<br>– l'ONU est créée pour « développer entre les nations des relations amicales » et maintenir la paix dans le monde |

# 7. La France défaite et occupée : régime de Vichy, collaboration, Résistance

## ▶ Les personnages-clés

**Philippe Pétain** 1856-1951 Maréchal de France après la Première Guerre mondiale, il devient le chef du gouvernement de Vichy qui collabore avec l'Allemagne de 1940 à 1944. Condamné à mort en 1945, il est ensuite gracié.

**Charles de Gaulle** 1890-1970 Général français qui refuse la défaite et lance depuis Londres, le 18 juin 1940, un appel à la résistance. Il est le chef de la France libre de 1940 à 1944.

**Jean Moulin** 1899-1943 Préfet d'Eure-et-Loir en 1940, il est révoqué par Vichy et rejoint de Gaulle qui le charge d'unifier les mouvements de la Résistance intérieure. Arrêté et torturé par la Gestapo, il meurt sans parler en 1943.

## ▶ L'essentiel à retenir

| | La France de Vichy | La France de la Résistance |
|---|---|---|
| **Face à la défaite** | – Pétain annonce qu'il demande l'armistice le 17 juin 1940<br>– Pétain accepte des conditions d'armistice très défavorables à la France<br>– il prend les pleins pouvoirs, mettant fin à la III$^e$ République et met en place un régime autoritaire opposé aux valeurs républicaines | – Le général de Gaulle lance un appel à la résistance le 18 juin 1940<br>– de Gaulle organise la France libre pour continuer la guerre aux côtés des Alliés<br>– de Gaulle incarne la continuité républicaine et est reconnu par les Alliés comme chef de la France libre |
| **Face aux Allemands** | – le gouvernement de Vichy collabore avec l'occupant nazi : il organise le STO, met en place une législation antisémite et participe à la déportation des Juifs<br>– la milice traque les résistants et les livre à la Gestapo | – la France libre participe aux combats aux côtés des Alliés<br>– les mouvements, réseaux et maquis de la Résistance intérieure mènent une lutte politique et militaire contre les nazis et les collaborateurs |
| **Face à la Libération** | – le procès de Pétain et de la collaboration s'ouvre à la Libération. Pétain est condamné à mort, puis sa peine est commuée en prison à vie<br>– les collaborateurs sont considérés comme des criminels et jugés | – le programme du CNR prépare la Libération et la refondation de la République<br>– de Gaulle devient le chef du GPRF dès juin 1944<br>– en 1946, une nouvelle Constitution est adoptée : c'est la IV$^e$ République |

# Fiches de révisions

## 8 — Le monde depuis 1945

### ▶ Les personnages-clés

**H. Truman**
1884-1972
Président
des États-Unis
de 1945 à 1952.

**Gandhi**
1869-1948
Partisan de
l'indépendance
de l'Inde.

**J.-F. Kennedy**
1917-1963
Président
des États-Unis
de 1961 à 1963.

**R. Reagan**
1911-2004
Président
des États-Unis
de 1980 à 1988.

**M. Gorbatchev**
Né en 1931,
dirigeant
de l'URSS
de 1985 à 1991.

**J. Staline**
1879-1953
Révolutionnaire
russe, dirigeant
du Parti
communiste,
puis de l'URSS
qu'il gouverne
seul à partir de
1928. Il installe
un régime
totalitaire qui
fait des millions
de victimes.

**L. S. Senghor**
1906-2001
Poète et homme politique sénégalais. Indépendantiste pendant la colonisation, il devient président du Sénégal décolonisé en 1960.

### ▶ Les dates-clés

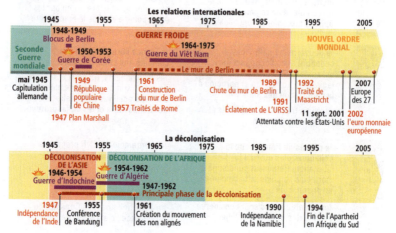

# 9 La Ve République à l'épreuve de la durée

## ▶ Les personnages-clés

**La France depuis 1958**

C. de Gaulle    G. Pompidou    V. G. d'Estaing    F. Mitterrand

J. Chirac    N. Sarkozy    F. Hollande

## ▶ L'essentiel à retenir

**Changements politiques et institutionnels** | **Changements culturels et sociaux**

### Les années de Gaulle (1958-1974)

- constitution de la Ve République
- régime présidentiel
- élection du président au suffrage universel direct
- fin de la guerre d'Algérie et de la décolonisation
- politique de grandeur
- indépendance face aux États-Unis
- dissuasion nucléaire
- rapprochement franco-allemand
- démission de de Gaulle (1969)
- présidence de Pompidou (1969-1974)

- société de consommation
- mixité dans les collèges
- contraception
- émergence de la jeunesse (rock, mouvement hippie…)
- contestation de l'ordre établi et de la société de consommation : Mai 68
- naissance du MLF
- Trente Glorieuses
- immigration massive

### La Ve République depuis les années 1970

- Giscard d'Estaing, président (1974-1981) : centre-droit
- Mitterrand (1981-1995) : gauche
  2 cohabitations avec des Premiers ministres de droite :
  • Chirac (1986-1988)   • Balladur (1993-1995)
- Chirac (1995-2007) : droite
  1 cohabitation avec un Premier ministre de gauche :
  • Jospin (1997-2002)
- Sarkozy (2007-2012)
- Hollande, élu en 2012

- majorité à 18 ans
- légalisation de l'avortement
- abolition de la peine de mort
- 5e semaine de congés payés
- loi Roudy sur l'égalité professionnelle hommes/femmes
- RMI
- PACS
- loi des 35 heures
- parité hommes/femmes
- réforme des retraites
- ralentissement de l'immigration
- société multiculturelle et xénophobie

# Fiches de révisions

## Les aires urbaines, une nouvelle géographie d'une France mondialisée

### ▶ L'essentiel à retenir

**Urbanisation et étalement urbain**

- Un pays de citadin, 80 % des Français habitent en villes.
- Des villes qui s'étalent par la formation de banlieues puis de couronnes périurbaines.
- Un étalement dû au manque d'espace dans les villes-centres et à la recherche d'un meilleur cadre de vie.
- Un étalement remis en question car il provoque trop de déplacements quotidiens, de pollution et la disparition de l'espace naturel ou agricole.

**Métropolisation et mondialisation**

- Les aires urbaines ne sont pas toutes égales, les plus grandes sont des métropoles qui exercent une grande influence sur leur région.
- Paris, seule métropole française de rang mondial, occupe une place à part.
- Certaines aires urbaines restent à l'écart, sont au contraire en difficultés et en train de « rétrécir ».
- Cette hiérarchisation s'explique par le phénomène de mondialisation qui accentue d'une part la métropolisation des grandes aires urbaines du Sud et de l'Ouest, et d'autre part les difficultés des aires urbaines du Centre ou du Nord-Est.

**Paris, métropole dominante en France**

- Paris est une ville et une métropole mondiale par ses activités économiques, touristiques, diplomatiques et logistiques.
- Paris et son agglomération doivent faire face à de nombreux défis : l'augmentation des inégalités, la gentrification, la concurrence mondiale et la saturation des transports en commun. Pour y répondre, un grand projet : le Grand Paris.

### ▶ Les chiffres-clés

- Densité : 118 hb./km²
- Taux d'urbanisation : 85 %
- Nombre d'aires urbaines : 792
- Population vivant dans une aire urbaine : 95 %
- Métropole de plus d'un million d'habitants : 7
- La plus grande aire urbaine : Paris (12,7 millions d'habitants)

### Les composantes d'une aire urbaine

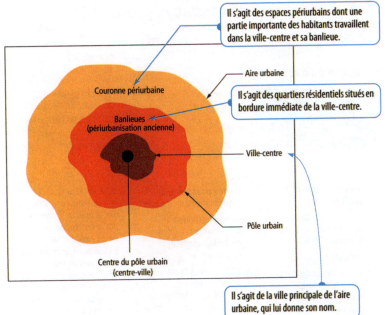

## Fiches de révisions

# 11 Dynamique des espaces productifs

▶ **L'essentiel à retenir**

**Une puissance agricole en question**
- grande variété des productions
- bonne intégration au marché européen et mondial (PAC)
- agriculture intensive
- limites de ce développement (pollution, revenus en baisse, déprise rurale, etc.)

**Une puissance industrielle en pleine mutation**
- un des pays les plus industrialisés du monde
- désindustrialisation de certaines régions qui entament leur reconversion
- de nouveaux facteurs de localisation : grands axes de communication, métropoles et littoraux

**Des services de plus en plus importants**
- le 1er secteur économique en terme d'emplois, de richesse et d'exportation
- ce développement s'explique par la hausse du niveau de vie des Français
- la répartition des services au profit des métropoles et notamment de Paris

### Trois types d'espaces sont particulièrement dynamiques

**Les métropoles**
- disponibilité d'une main-d'œuvre qualifiée
- collaboration entre entreprises favorisée par leur proximité
- présence d'universités et de centres de recherche
- bonne connexion aux axes de communications nationaux

**Les littoraux**
- possibilité d'exploiter les ressources de la mer
- possibilité de développer les activités touristiques
- possibilité de développer des activités industrialo-portuaires
- connexion aux axes de communication maritimes mondiaux

**Les régions frontalières**
- possibilité d'utiliser la main-d'œuvre transfrontalière
- collaboration facilitée par la proximité avec des entreprises étrangères
- possibilité de jouer sur les variations d'impôts ou de taxes entre les pays frontaliers

# 12. L'Union européenne, « un nouveau territoire »

## ▶ L'essentiel à retenir

### Une Union multiforme
- libre circulation des marchandises : traité de Rome 1957
- libre circulation des personnes : traité de Schengen, 1985
- monnaie commune : euro, 2002

### Une Union hétérogène
- d'importants écarts de richesses entre :
  - les pays du nord et de l'ouest (riches)
  - … et …
  - les pays du sud et de l'est (en retard)

### Une Union solidaire
- fonds structurels : subventions de l'UE en faveur des régions les plus pauvres
- principe de cohésion sociale et territoriale

## ▶ La carte-clé : Les territoires de l'UE

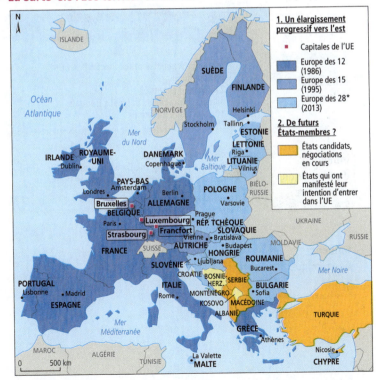

1. Un élargissement progressif vers l'est
- Capitales de l'UE
- Europe des 12 (1986)
- Europe des 15 (1995)
- Europe des 28* (2013)

2. De futurs États-membres ?
- États candidats, négociations en cours
- États qui ont manifesté leur intention d'entrer dans l'UE

\* Suite au référendum du 23 juin 2016, le Royaume-Uni a décidé de quitter l'Union européenne.

## 13. La France, une puissance d'influence

### ▶ Les chiffres-clés
- 5 DROM
- 7 COM
- 2,5 millions d'habitants dans les territoires d'Outre-mer
- La France possède la 2e ZEE au monde
- 270 millions de francophones
- Le français, 2e langue utilisée sur Internet
- 84 millions de touristes étrangers par an en France
- 5e PIB au monde
- 1re puissance agricole européenne

### ▶ L'essentiel à retenir

**Influence française dans le monde**

**Influence culturelle**
- présence française grâce aux DROM-COM
- francophonie
- 2 millions d'expatriés
- alliances françaises et lycées français
- 1er pays visité au monde

**Influence diplomatique et militaire**
- dissuasion nucléaire
- membre permanent du Conseil de sécurité de l'ONU
- nombreuses interventions de l'armée française pour la défense de la paix
- membre fondateur de l'UE

**Influence économique**
- 5e PIB au monde
- nombreuses FTN
- 1re puissance agricole européenne
- membre du G20

# 14 — Les espaces de faible densité

## L'essentiel à retenir

**Les espaces de faible densité, ce sont…**

- des espaces qui comptent moins de 30 habitants au km² ;
- des espaces localisés dans la diagonale du vide et dans les zones de montagnes.

**Les espaces de faible densité sont avant tout des espaces agricoles**

- une agriculture productiviste dans de grandes plaines notamment céréalières ;
- une agriculture extensive dans les zones de montagnes soit en déclin soit dynamiques grâce aux labels (AOC, agriculture biologique).

**Les espaces de faible densité ont des atouts**

- leur riche patrimoine naturel et culturel, l'aménagement de parcs naturels qui sont des atouts pour le tourisme vert et l'installation de résidences secondaires ;
- leur cadre de vie attractif pour les néoruraux qui recherchent la vie à la campagne tout en ayant une profession en ville : développement du télétravail.

## Les chiffres-clés

- Faible densité : moins de 30 habitants au km²
- Espaces « désertifié » : moins de 10 habitants au km²
- Densité moyenne en France : 118 habitants au km²
- Part de la population vivant dans des espaces de faible densité : 7 %
- Part du territoire comportant des espaces de faible densité : 40 %
- Exode urbain : chaque année 100 000 citadins quittent la ville pour s'installer à la campagne

## Fiches de révisions

# 15 La République et la citoyenneté

### L'essentiel à retenir

**Citoyenneté**

**Conditions**
- nationalité
- majorité
- possession des droits civils et politiques

*qui supposent*

**Des droits**
- droit de vote et d'éligibilité
- majorité civile, matrimoniale et pénale
- droits civils, civiques, en justice (jurés, témoignage, etc.)

**Des devoirs**
- service national universel

+

d'autres droits et devoirs s'appliquant à tous les habitants de la **France, République indivisible, laïque, démocratique et sociale**

**Des droits**
- droits d'opinion, d'expression et de croyance
- droits sociaux et culturels (droit au travail, à la santé, au chômage, aux loisirs, à l'éducation, etc.)

**Des devoirs**
- respect de la loi
- payer des impôts
- fraternité et solidarité
- civisme
- engagement associatif

# La vie démocratique

## ▶ Les personnages-clés

| Pouvoir exécutif | Pouvoir législatif | Collectivités territoriales |
|---|---|---|
| – président de la République<br>– Premier ministre<br>– ministres<br>– conseillers d'État<br>– président de la Cour des comptes<br>– préfets<br>– fonctionnaires | – députés de l'Assemblée nationale<br>– sénateurs<br>– membres du Conseil constitutionnel | – maires et conseillers municipaux<br>– président du conseil départemental et conseillers départementaux<br>– Président du conseil régional et conseillers régionaux |

## ▶ L'essentiel à retenir

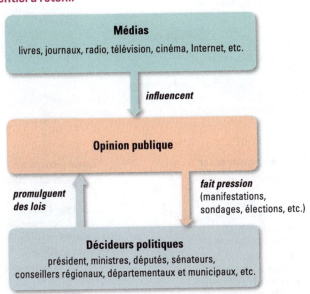

## 17. La défense et la paix

### ▶ Les principaux acteurs de la sécurité collective

- les États comme la France
- les ONG, par exemple :
  – Médecins sans frontières
  – Handicap International
  – Action contre la faim
- l'ONU

### ▶ L'essentiel à retenir

**Contexte international**

– fin de la Guerre froide
– atténuation de la menace nucléaire
– développement de la menace terroriste
– nouveaux conflits frontaliers (ex-Yougoslavie, pays africains, etc.)
– émergence d'une politique de défense européenne

**Conséquences sur la défense nationale**

– une nouvelle organisation : fin de la conscription, armée professionnelle, JDC, défense européenne, etc.
– de nouvelles missions : maintien de la paix dans le monde dans différentes organisations, missions humanitaires

**Conséquences sur la sécurité collective**

– les États-Unis, « gendarmes du monde », ont une influence prépondérante à l'ONU
– rôle accru de l'ONU
– rôle de plus en plus important des ONG

# 18 Les régions de France

## 19 Le territoire français

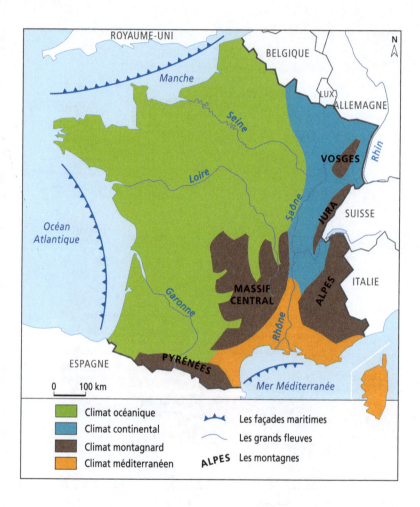

# 20   Les États de l'Union européenne

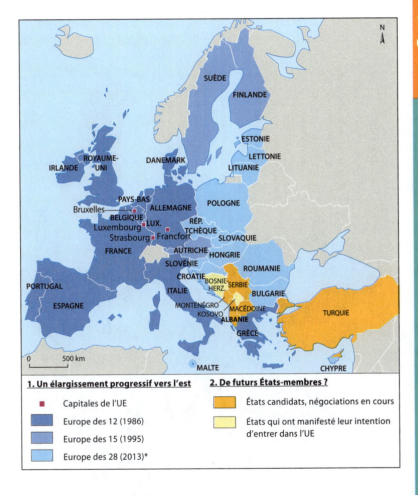

**1. Un élargissement progressif vers l'est**

- ■ Capitales de l'UE
- Europe des 12 (1986)
- Europe des 15 (1995)
- Europe des 28 (2013)*

**2. De futurs États-membres ?**

- États candidats, négociations en cours
- États qui ont manifesté leur intention d'entrer dans l'UE

---

\* Suite au référendum **Brexit** du 23 juin 2016, le Royaume-Uni a décidé de quitter l'Union européenne.

## Cartes repères du collège

### 21 Métropoles européennes, l'espace Schengen et la zone euro

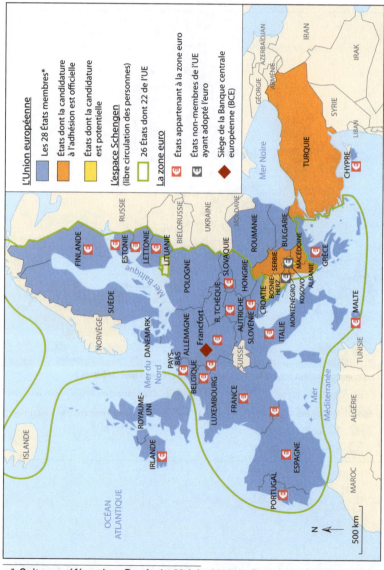

* Suite au référendum **Brexit** du 23 juin 2016, le Royaume-Uni a décidé de quitter l'Union européenne.

## 22 — Les principales aires urbaines en France

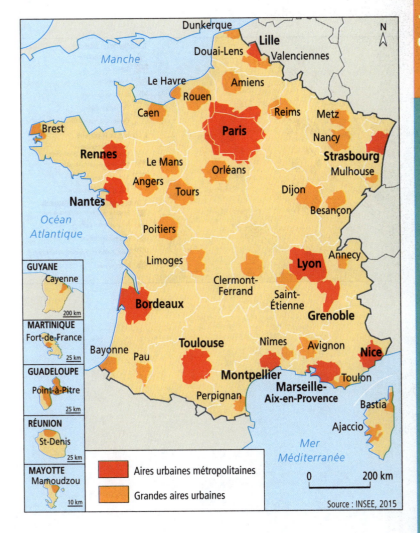

## 23 — Le territoire des aires urbaines métropolitaines

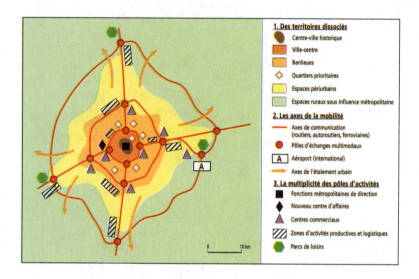

## 24. Peuplement et principales aires urbaines en France

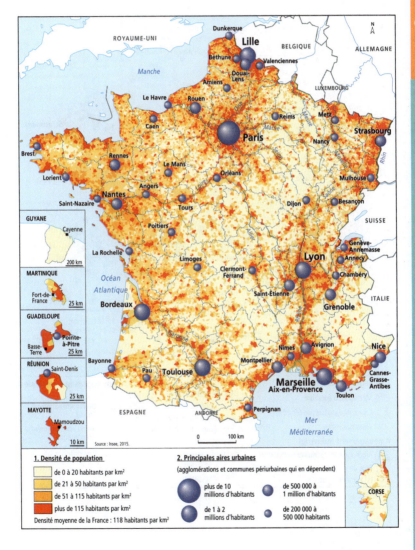

## Cartes repères du collège

## 25. La diversité des politiques d'aménagement du territoire

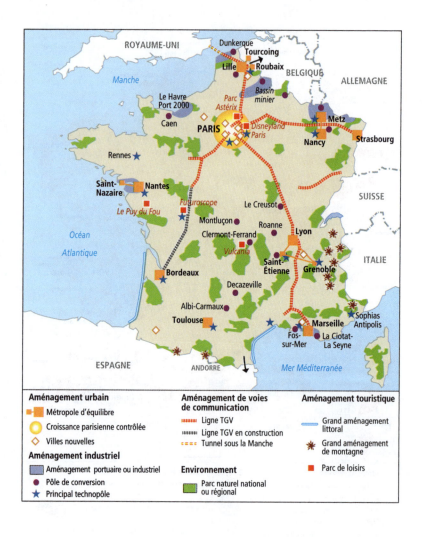

# 26 L'organisation de l'espace européen

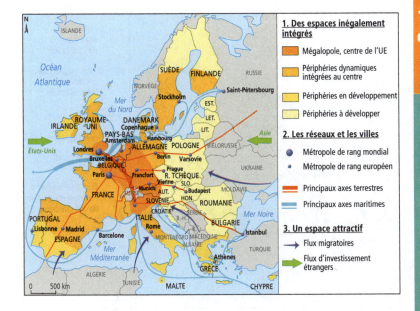

## 27 La situation de la France en Europe

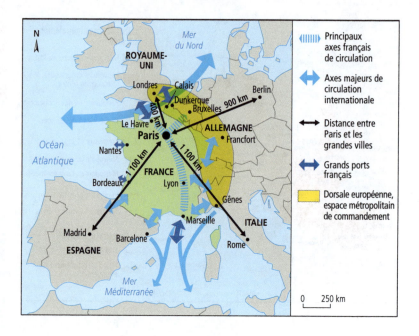

## 28 — L'Europe, un géant du commerce mondial

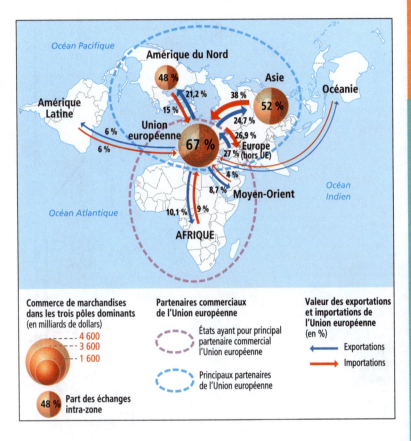

## 29 Les territoires ultra-marins de la France

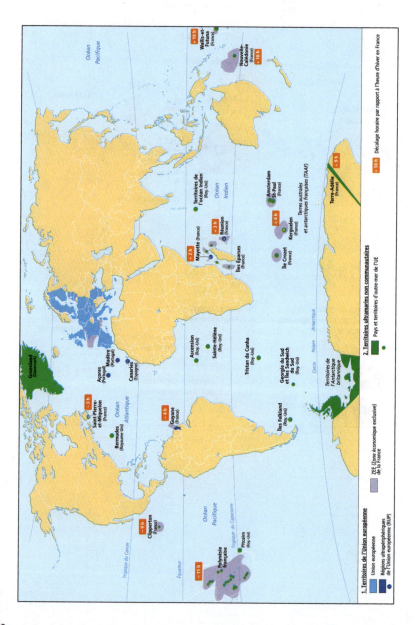

# 30 Analyser un article de journal

## Méthode

### ▶ Identifier la provenance
- De quel **journal** est-il est tiré ?
- S'agit-il d'un magazine spécialisé ou d'un journal d'actualités ? D'un mensuel, d'un hebdomadaire ou d'un quotidien ?

### ▶ Définir la nature
- Un **éditorial** est un article qui reflète la position du journal par rapport à un événement et qui est souvent situé en début de journal.
- Un **article d'actualités** réagit à un événement précis.
- Un **article de fond** analyse un phénomène plus large.
- Une **dépêche** d'une agence de presse se contente souvent de décrire un événement sans prendre parti.
→ L'Agence France Presse (AFP) est l'agence française chargée de fournir les informations aux différents médias. Les « dépêches » qu'elle fournit sont ensuite reprises et complétées par les journalistes.

### ▶ Analyser le titre
- Le **titre** donne l'information générale fournie par l'article. C'est le cas notamment pour les articles informatifs de type dépêches AFP.
- Parfois, le titre peut avant tout servir à attirer l'attention du lecteur, le choquer ou le divertir. Il ne constitue pas alors une information suffisante pour savoir ce que contient l'article, il donne plutôt le **point de vue** du journaliste. C'est le cas par exemple des titres des éditoriaux.

### ▶ Observer la structure
- Un article de journal est souvent divisé en plusieurs paragraphes, séparés par des sous-titres qui ont du sens et permettent de comprendre de quoi il va être question dans ce paragraphe.

### ▶ Repérer la structure du texte
- Ne vous contentez pas de lire une fois le texte, surtout quand il est assez long et compliqué. Avant de regarder les questions posées, lisez-le une première fois pour repérer les mots compliqués et essayer de les comprendre dans leur contexte. Puis lisez les questions et relisez le texte une seconde fois.

*Fiches méthode*

## Fiches méthode pour le Brevet

### Application

**Au Mali, près de 130 000 personnes ont fui les combats depuis le 17 janvier**
Le Haut Commissariat des Nations unies pour les réfugiés (HCR) a demandé 35,6 millions de dollars (26,5 millions d'euros), vendredi 24 février, pour venir en aide à près de 85 000 personnes qui ont fui les combats entre l'armée régulière et la rébellion touareg qui secouent le nord du pays depuis la mi-janvier. Les fonds « seront utilisés pour fournir une aide d'urgence aux déplacés au Mali et dans les pays voisins », précise le HCR dans un communiqué. La somme devrait couvrir les besoins « jusqu'en juillet 2012 ».
DES RÉGIONS AFFECTÉES PAR LA CRISE ALIMENTAIRE
Si les gouvernements hôtes et plusieurs organisations ont commencé à apporter une assistance en abri, eau et assainissement ou encore en nourriture et en éducation, « la réponse est actuellement très loin de correspondre aux besoins », souligne l'agence onusienne, qui note par ailleurs que les réfugiés arrivent dans des régions « particulièrement affectées par la crise alimentaire qui sévit au Sahel » en raison de la sécheresse. Plusieurs ONG avaient déjà dénoncé la semaine dernière une situation de crise humanitaire.
« Les réfugiés ont un besoin désespéré de logements convenables », souligne le HCR. Ils ont également besoin de nourriture, d'eau, d'articles ménagers de base, de moustiquaires, de couvertures ainsi que de services de santé et d'éducation. Jusqu'à présent, le Haut Commissariat aux réfugiés a fourni des tentes et autres articles de secours essentiels à 22 000 personnes au Niger, au Burkina Faso et en Mauritanie, où des sites ont été identifiés pour reloger, dès que possible, les réfugiés loin de la frontière.

D'après *Le Monde.fr*, 4 février 2012, d'après l'AFP (Agence France Presse).

▶ **Analyse**
- **Titre de l'article**
- **Sous titre**
- **Provenance de l'article**

Extrait d'un article du journal quotidien *Le Monde*, dans sa version numérique, publié le 4 février 2012. Cet article a été écrit d'après une dépêche de l'AFP, et le nom du journaliste qui en est l'auteur n'est pas cité.
- **Les éléments à connaître**
– Le rôle de l'**ONU**.
– La situation générale du **Mali**.
– Le rôle du **HCR** et sa place dans l'organisation de l'ONU.

# 31 Analyser une photographie d'actualité

## Méthode

### ▶ Identifier la photographie
- Qui est l'**auteur** de la photographie ?
- **Quand** a-t-elle été prise ? **Où** a-t-elle été prise ?
- Quel est son **titre** ?
- De quel **type** de photographie s'agit-il ? (Photographie de presse ou d'actualités, photomontage, photographie d'art, etc.)

### ▶ Présenter les techniques utilisées par le photographe
- Quelles sont les **couleurs** utilisées par le photographe ? (Noir et blanc, couleurs naturelles, couleurs retravaillées.)
- Quel est le **cadrage** choisi par le photographe ? (Gros plan, plan large ou serré, photo aérienne, etc.)
→ N'oubliez pas qu'une photographie n'est jamais prise au hasard : le photographe choisit ce qu'il veut mettre en avant. La photographie n'est donc pas une représentation neutre de la réalité, mais un **point de vue** sur un événement, une personne ou un paysage.

### ▶ Décrire la photographie
- Dans quel **décor** a été prise la photographie ? Vous pouvez ici utiliser le découpage **en plan** : premier plan, arrière-plan, surtout s'il s'agit d'un paysage.
- Quelles sont les **personnes** ou **groupes de personnes** présentes sur la photographie ? Décrivez leurs attitudes, leurs vêtements, leurs gestes.

### ▶ Dégager le sens de la photographie
Pour comprendre l'événement illustré par une photographie vous devez, bien sûr, vous appuyer sur la photographie elle-même, mais également sur son titre et sa légende s'il y en a une. Cependant, pour en dégager l'intérêt historique, vous devez impérativement connaître votre cours et le contexte dans lequel cet événement a eu lieu. Ce sont vos connaissances qui vont vous permettre de comprendre le point de vue du photographe et vous permettre de mettre en lumière le sens de sa photographie.

## Fiches méthode pour le Brevet

### Application

**La destruction du mur de Berlin, le 19 novembre 1989** ❶

▶ **Analyse**

**❶ Identification**
Ce document est une photographie d'actualité prise par un journaliste le 19 novembre 1989 à Berlin, au moment de la chute du mur.

**❷ Techniques utilisées**
Cette photographie couleur est prise au cœur de l'événement, le journaliste étant au milieu de la foule. Il fait un plan large ou d'ensemble pour essayer de saisir les différents acteurs présents lors de cette journée.

**❸ Description**
On distingue trois groupes de personnes qui se pressent autour du mur, seul élément de décor présent : la foule des manifestants joyeux et enthousiastes, les policiers en uniforme qui laissent faire et semblent ne pas savoir comment réagir et des journalistes en train de prendre des photos, soulignant l'importance de l'événement.

**❹ Le sens**
C'est l'élément central du décor qui donne son sens à la photo : il symbolise la chute rapide et sans violence du bloc de l'Est et donc la fin de la Guerre froide.

**Analyser un graphique**

*Fiches méthode*

### Méthode

#### ▶ Identifier le type de graphique

- **En barre** : il permet le plus souvent de comparer différentes informations.
- **Linéaire ou en courbe** : il représente toujours une ou des évolutions sur une durée.
- **Circulaire ou semi-circulaire** : pour ce type de graphique, n'utilisez pas le terme « camembert » qui est familier. Il représente une répartition souvent donnée en %.

→ Les résultats des élections sont presque toujours représentés avec un graphique semi-circulaire, qui permet de bien représenter l'organisation d'une assemblée, répartie de l'extrême gauche à l'extrême droite.

#### ▶ Observer et prélever les informations du graphique

- **Le titre** : un graphique comporte toujours un titre qui vous aide à l'interpréter.
- **Les couleurs** : elles permettent de différencier les informations données par le graphique. Celui-ci peut parfois comporter une courte légende.
- **Les chiffres** : les courbes ou les barres se lisent à l'aide de l'axe horizontal (abscisses) et de l'axe vertical (ordonnées). Attention, les chiffres des deux axes ont souvent des unités différentes.
- Des informations supplémentaires peuvent vous être données par des flèches ou des points.

#### ▶ Interpréter le graphique

Les chiffres permettent de mesurer des **évolutions** ou d'établir des **comparaisons** entre les différentes informations. Vous devez pouvoir montrer que vous savez lire le graphique en faisant des opérations simples et indiquer ainsi ce qu'il vous apprend.

## Fiches méthode pour le Brevet

### Application

Les résultats des élections législatives de 1936

D'après *Livre d'histoire-géographie de 3e*, Belin, 2007.

▶ **Analyse**

**① Identifier**

Il s'agit d'un graphique semi-circulaire qui figure la Chambre des députés organisée depuis l'extrême gauche (Parti communiste) jusqu'à la droite et qui permet de représenter les résultats aux élections législatives de 1936 de chacun de ces partis.

**② Observer**

Les chiffres présents sur le graphique représentent le nombre de députés élus pour chaque parti politique lors des élections législatives d'avril-mai 1936. Les couleurs évoquent les partis politiques (rouge/rose : communiste/socialiste et bleu : droite).

**③ Interpréter**

La majorité du Front populaire est constituée de l'addition des députés des trois partis de gauche placés sous la flèche. Avec 374 députés (182 + 115 + 77) sur 619 sièges au total, le Front populaire a bien une majorité absolue à l'Assemblée nationale.

**Analyser une carte en Géographie**

*Fiches méthode*

## Méthode

### ▶ Identifier la carte

● **Une carte** est une représentation graphique qui respecte les contours et les superficies de l'espace étudié et qui permet de localiser des lieux ou des phénomènes (carte routière, carte de densités, carte de la francophonie, etc.).

● **Un croquis** est une représentation graphique simple qui met en relation plusieurs données géographiques pour répondre à une question précise. *Exemple :* « l'organisation du territoire français ».

● **Une carte par anamorphose** est une carte qui donne à une région, un pays ou un continent, une taille proportionnelle au phénomène étudié. Elle permet de rendre visible tout de suite les différences entre les espaces représentés et de mesurer des inégalités (de richesse, de population, de temps de transports, etc.).

### ▶ Prélever des informations

● **L'espace** représenté.
● **Le titre** : il indique le thème général de la carte.
● **La légende** : elle est toujours composée à partir de trois types de figurés.
→ **Les figurés ponctuels** (points, triangles, etc.) indiquent un lieu précis.
→ **Les aplats de couleur** sont là pour représenter des espaces, donc des régions ayant des caractéristiques communes. Les couleurs ont souvent une signification : les couleurs chaudes indiquent des espaces attractifs, tandis que les couleurs froides sont utilisées pour des espaces moins dynamiques.
→ Les **figurés linéaires** (traits, flèches) sont utilisés pour représenter des mouvements, des échanges, des flux…

### ▶ Interpréter les informations

Confrontez les différents éléments donnés par la légende à leur localisation sur la carte ou le croquis pour pouvoir établir des informations précises.

# Fiches méthode pour le Brevet

## Application

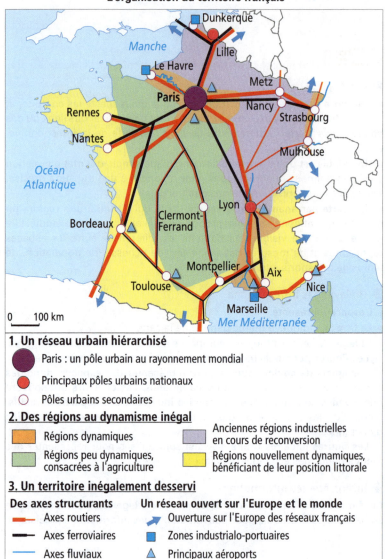

L'organisation du territoire français

### 1. Un réseau urbain hiérarchisé
- Paris : un pôle urbain au rayonnement mondial
- Principaux pôles urbains nationaux
- Pôles urbains secondaires

### 2. Des régions au dynamisme inégal
- Régions dynamiques
- Anciennes régions industrielles en cours de reconversion
- Régions peu dynamiques, consacrées à l'agriculture
- Régions nouvellement dynamiques, bénéficiant de leur position littorale

### 3. Un territoire inégalement desservi

**Des axes structurants**
- Axes routiers
- Axes ferroviaires
- Axes fluviaux

**Un réseau ouvert sur l'Europe et le monde**
- Ouverture sur l'Europe des réseaux français
- Zones industrialo-portuaires
- Principaux aéroports

### ▶ Identifier

Il s'agit d'**un croquis** qui montre l'organisation du territoire français à partir de plusieurs données : les grandes métropoles, les régions dynamiques ou non, les grands axes de transports.

### ▶ Prélever des informations

- **Une région dynamique** est une région qui attire les activités et la population. Grâce aux aplats de couleur, vous pouvez repérer deux types d'espaces dynamiques : les « espaces dynamiques » et les « nouveaux espaces dynamiques ».
- **Un axe** désigne une voie de communication majeure par la route, l'autoroute, le train ou l'avion.

### ▶ Interpréter les informations

Sur la carte, une seule région réunit la métropole principale et un espace dynamique. On peut également remarquer que plusieurs figurés linéaires forment un réseau en étoile autour de la métropole principale.

# Lexique

**LEXIQUE** .................................................. 228

# Lexique

## HISTOIRE

■ **Accords d'Evian** : accords signés entre la France et les Algériens en mars 1962 et qui reconnaissent l'indépendance de l'Algérie.

■ **Action clandestine** : action de la résistance intérieure obligée de se cacher pour échapper aux nazis et à Vichy.

■ **Armement industriel** : armement construit à la chaîne en grande quantité dans les usines ; désigne surtout les obus, les canons et les mitrailleuses puis les tanks et les avions.

■ **Avortement** : interruption volontaire de la grossesse avant le 4e mois de développement du fœtus.

■ **Camp de concentration** : camp de travail forcé mis en place par Hitler pour éliminer ses opposants.

■ **CNR** : Conseil national de la Résistance, créé par Jean Moulin en 1943 pour unifier les différents mouvements de résistance et préparer le retour à la démocratie.

■ **Collaboration** : politique de coopération avec l'Allemagne nazie mise en place par le maréchal Pétain, mais aussi comportement de ceux qui, pendant la Seconde Guerre mondiale, ont aidé les occupants nazis.

■ **Communisme** : système économique et politique s'inspirant des idées de Karl Marx et visant à l'établissement d'une société égalitaire et sans classes sociales grâce à la mise en commun des moyens de production.

■ **Conservateur** : qui cherche à conserver les valeurs et les institutions existantes, sans les faire évoluer.

■ **Constitution** : loi fondamentale qui décrit les principes et le fonctionnement d'un État ou d'un groupe d'États.

■ **Construction européenne** : processus d'élargissement et d'approfondissement de l'union entre les États européens.

■ **Contraception** : emploi de moyens pour qu'un rapport sexuel n'entraîne pas de grossesse.

■ **Coup d'État** : prise de pouvoir par la force.

■ **Course à l'armement** : engrenage qui pousse les deux grandes puissances à consacrer une grande partie de leur budget à un équipement militaire de plus en plus sophistiqué.

■ **Crise de mai 1968** : révolte des étudiants et des ouvriers contre le pouvoir trop autoritaire et conservateur du général de Gaulle. La France est paralysée par des grèves et des manifestations pendant un mois.

■ **Culte du chef** : propagande destinée à faire aimer le dictateur.

■ **Dictature** : gouvernement d'un seul homme et d'un seul parti.

■ **Dissuasion nucléaire** : politique d'armement nucléaire, mise en place dans les deux blocs pendant la Guerre froide, qui vise à empêcher toute attaque ennemie.

■ **Égalité professionnelle** : désigne l'égalité entre les hommes et les femmes dans le monde du travail.

■ **Embrigadement** : recrutement de la population dans des organisations destinées à la mobiliser en faveur du régime.

■ **Féminisme** : personne cherchant à défendre le droit et la cause des femmes dans la société.

■ **FFL** : les Forces françaises libres ou France libre sont créées à Londres en 1940 par le général de

Gaulle pour combattre aux côtés des Alliés. Les Forces françaises de l'Intérieur sont l'ensemble des organisations armées de la Résistance intérieure, issues du CNR.

■ **France de Vichy** : désigne la France dirigée par le maréchal Pétain pendant la Seconde Guerre mondiale. Les nazis occupant Paris et toute la zone nord, Vichy dans le massif central était devenu la capitale de la France non occupée.

■ **Führer** : « guide » en allemand, nom que se donne Hitler dans le régime nazi.

■ **Gaz toxiques** : gaz utilisés dans les combats pendant la Première Guerre mondiale comme le gaz moutarde, gaz asphyxiant destiné à empêcher ou à gêner l'assaut d'une position par les troupes ennemies.

■ **Génocide** : destruction systématique d'un peuple pour le faire disparaître.

■ **Gestapo** : police politique du régime nazi chargée de surveiller la population.

■ **GRPF** : Gouvernement provisoire de la République française, nom porté par le gouvernement du général de Gaulle de 1944 à 1946.

■ **« Gueules cassées »** : expression désignant les soldats défigurés par des blessures de la Première Guerre mondiale.

■ **Guerre d'usure** : stratégie qui consiste à parier sur l'épuisement de l'adversaire en lançant de nombreuses offensives meurtrières.

■ **Guerre froide** : conflit politique et idéologique entre les États-Unis et l'URSS pour la domination du monde après la Seconde Guerre mondiale et qui n'aboutit jamais à une guerre ouverte.

■ **Guerre totale** : guerre dans laquelle toutes les forces humaines, économiques, techniques et scientifiques sont mobilisées par les États.

■ **Impérialisme** : volonté de domination d'un État sur d'autres États.

■ **Jeunesses hitlériennes** : mouvement du parti nazi destiné à embrigader la jeunesse allemande.

■ **Menace nucléaire** : menace d'un bombardement atomique qui pèse sur les deux camps pendant la Guerre froide. Cette menace est dite de dissuasion, car aucun des deux grands ne veut risquer l'anéantissement.

■ **MLF** : Mouvement de Libération de la Femme ; créé après Mai 68 pour faire avancer la cause féministe dans la société française.

■ **Monde bipolaire** : désigne le monde pendant la Guerre froide divisé par deux grandes puissances : les États-Unis et l'URSS.

■ **Mutilé** : personne ayant perdu un membre ou une partie de celui-ci.

■ **Obus** : bombe lancée par un canon.

■ **Occupation allemande** : après la défaite de la France en 1940 et la signature de l'armistice par le maréchal Pétain, l'armée allemande occupe son territoire d'abord en partie, puis en entier, pour contrôler ses frontières, sa population et piller ses ressources.

■ **OTAN** : Organisation du Traité de l'Atlantique Nord créée dans le contexte de la Guerre froide regroupant les Alliés des États-Unis.

■ **Pacte de Varsovie** : alliance militaire entre l'URSS et les pays du bloc de l'Est pendant la Guerre froide.

■ **Parité** : égalité du nombre d'hommes et de femmes présentés par les partis politiques lors des élections.

■ **Parti nazi** : parti national socialiste d'extrême droite, fondé par

## Lexique

Hitler en 1920 et qui défend des idées nationalistes et racistes.

- **Parti unique** : seul parti autorisé dans une dictature.
- **Persécutions antisémites** : violences et discriminations envers les Juifs.
- **Plan Marshall** : plan d'aide économique et militaire proposé par les États-Unis aux pays européens en 1947.
- **Pleins pouvoirs** : obtenir le pouvoir législatif, le pouvoir exécutif et le pouvoir judiciaire.
- **Poilus** : expression familière qui désigne les soldats français pendant la Première Guerre mondiale.
- **Politique de grandeur** : politique du général de Gaulle quand il est président pour redonner sa place de puissance à la France.
- **Presse clandestine** : journaux qui sont écrits, imprimés et diffusés en secret par la résistance intérieure pendant la Seconde Guerre mondiale.
- **Propagande** : ensemble des méthodes utilisées pour faire accepter des idées à une population.
- **RDA** : République Démocratique Allemande (Allemagne de l'Est).
- **Référendum** : vote, à l'initiative du chef de l'État, d'1/5 des parlementaires ou d'une pétition rassemblant 1/10 des citoyens, lors duquel on pose une question aux électeurs, qui doivent y répondre par « oui » ou par « non ».
- **Régime parlementaire** : régime politique où l'essentiel des pouvoirs est entre les mains du Parlement, qui nomme le chef du gouvernement.
- **Régime présidentiel** : régime politique où l'essentiel du pouvoir est entre les mains d'un président.
- **Régime totalitaire** : régime politique dans lequel l'État dictatorial encadre la population par la propagande, l'embrigadement et la terreur, dans le but de la faire adhérer totalement à son idéologie.
- **Reichstag** : parlement allemand à Berlin, détruit en 1933 par un incendie provoqué par les nazis pour permettre l'établissement de la dictature d'Hitler.
- **Réseau** : organisation clandestine de la résistance intérieure menant des activités militaires : renseignement, sabotage, évasion puis combats aux côtés des Alliés.
- **Résistance** : actions clandestines menées contre l'Allemagne nazie. En France, la Résistance s'organise aussi contre le régime de Vichy qui collabore avec l'Allemagne nazie.
- **RFA** : République fédérale d'Allemagne (Allemagne de l'Ouest).
- **Rideau de fer** : image utilisée pour la première fois par W. Churchill en 1945 pour désigner la frontière infranchissable entre l'Europe de l'Ouest et l'Europe de l'Est qui, occupée par l'Armée rouge, deviendra communiste.
- **Sabotage** : destruction par la Résistance de matériel allemand ou d'usines, de moyens de transports servant aux Allemands.
- **STO** : Service du Travail Obligatoire, imposé en France par Hitler en 1942 pour fournir de la main d'œuvre à l'Allemagne nazie.
- **Suffrage universel** : élection à laquelle tous les citoyens peuvent participer.
- **Terreur** : moyen de contrôle de la population par la violence qui vise à empêcher toute opposition.

■ **Tranchées** : fossés creusés dans le sol pour se protéger des tirs ennemis. Les soldats y vivent et y lancent des assauts contre l'ennemi.

■ **Trente Glorieuses** : période de très forte croissance économique dans les pays développés de 1946 à 1975.

■ **Violence de masse** : terme qui désigne l'ensemble des violences faites à l'encontre des soldats et des civils pendant la guerre, notamment grâce à l'apparition d'un armement moderne et meurtrier.

## GÉOGRAPHIE

■ **Aire urbaine** : ensemble formé par une ville, ses banlieues et les communes périurbaines, dont au moins 40 % des habitants travaillent dans la ville-centre et ses banlieues.

■ **Banlieue** : communes d'une aire urbaine situées en périphérie immédiate d'une ville-centre.

■ **Collectivités territoriales** : communes, départements et régions.

■ **Compétitivité** : concurrence exercée entre les territoires pour attirer à eux des emplois et des investissements afin de soutenir leur développement économique et social.

■ **Couronne périurbaine** : communes d'une aire urbaine qui ne se situent pas dans le pôle urbain, c'est-à-dire l'ensemble formé par la ville-centre et ses banlieux.

■ **DATAR (Délégation interministérielle à l'aménagement du territoire et à l'attractivité régionale)** : service de l'État chargé de concevoir et mettre en œuvre les politiques d'aménagement du territoire en France.

■ **Délocalisation** : déplacement de la production dans un autre pays pour en diminuer le coût.

■ **Désindustrialisation** : recul du nombre d'emplois ou du volume de la production dans le secteur industriel.

■ **Développement durable** : développement économique et humain qui satisfait les besoins des générations présentes sans compromettre ceux des générations futures.

■ **Dorsale européenne** : axe qui, du Sud-Est de l'Angleterre au Nord de l'Italie en passant par la vallée du Rhin, se caractérise par une forte concentration urbaine et joue un rôle majeur dans l'organisation de l'espace européen.

■ **Dynamique (spatiale)** : évolution démographique, économique, sociale ou environnementale d'un territoire.

■ **Espace rural** : ensemble des territoires situés en dehors de l'espace urbain ; il représente plus des deux-tiers de la superficie totale du pays.

■ **Espace Schengen** : espace de libre circulation des personnes, créé par la convention de Schengen en 1995, qui comprend aujourd'hui 26 États membres ou non de l'UE.

■ **Étalement** urbain : extension de la ville au détriment de la campagne.

■ **Facteurs de localisation** : élément qui explique l'installation et le développement d'une activité économique.

■ **Finisterre** : extrémité d'un continent située à l'écart des lieux d'activité majeurs.

■ **Interface** : zone de contact entre deux espaces.

■ **Métropolisation** : concentration des activités et de la population dans les métropoles.

■ **Migrations pendulaires** : déplacements des actifs entre leur lieu de résidence et leur lieu de travail.

*Lexique*

## Lexique

- **Mobilités** : différents déplacements de population.
- **Mondialisation** : mise en relation des territoires entre eux par l'augmentation des échanges à l'échelle de la planète.
- **Périurbanisation** : urbanisation de la périphérie des villes.
- **Politiques d'aménagement des territoires** : mesures que les acteurs publics appliquent pour corriger les déséquilibres et orienter le développement des territoires à toutes les échelles dans le cadre d'un projet global.
- **Productivité** : production réalisée en temps donné.
- **Rénovation** : processus de remise en état d'un lieu qui consiste le plus souvent à détruire ce qui existe pour construire un nouvel ensemble.
- **Ségrégation socio-spatiale** : forme de mise à l'écart d'une partie de la population en fonction de son lieu de résidence sur des critères économiques, sociaux ou ethniques.
- **Système productif** : organisation économique de la production d'un territoire, c'est-à-dire l'ensemble des activités productives (agriculture, industrie, services), des acteurs (entreprises, État) et des sociétés qui les génèrent (producteurs, consommateurs, utilisateurs).
- **Technopôle** : ville où se concentrent les activités et les industries de haute technologie.
- **Union européenne** : rassemblement volontaire de 28 États partageant des valeurs communes (démocratie, droits de l'homme) et mobilisés autour d'un projet de développement économique et social à long terme.
- **Ville-centre** : ville au centre d'une aire urbaine.
- **ZAC (Zone d'Aménagement Concerté)** : procédure publique d'aménagement de l'espace urbain associant la construction de logements et d'équipements collectifs.
- **Zone euro** : ensemble formé par les 19 États membres de l'Union européenne dont l'euro est la monnaie officielle.

## ENSEIGNEMENT MORAL ET CIVIQUE

- **Association** : groupement de personnes volontaires réunies autour d'un projet commun ou partageant des activités, mais sans chercher à réaliser de profit.
- **Bénévole** : qui travaille dans une association sans rémunération.
- **Citoyen** : personne qui jouit de droits civils et politiques à l'intérieur d'un État.
- **Citoyenneté** : fait d'être citoyen et de jouir des droits politiques liés à cette citoyenneté (par exemple le droit de vote).
- **Constitution de la V$^e$ République** : loi fondamentale de la V$^e$ République qui définit l'organisation de l'État, ses principes et ses valeurs.
- **Débat** : échanger et partager des idées.
- **Défense nationale** : ensemble des mesures prises pour défendre le territoire national et sa population.
- **Démocratie** : régime dans lequel le peuple exerce le pouvoir en votant et fondé sur les Droits de l'Homme.
- **Devise nationale** : phrase qui énonce les valeurs fondamentales de la République : « liberté égalité fraternité ».

■ **Discrimination** : fait de traiter inégalement des personnes en fonction de différents critères, notamment celui de l'origine.

■ **Droits civils et politiques** : droits de participer à la vie politique de son pays notamment par le droit d'être électeur et éligible.

■ **Égalité** : principe républicain qui signifie que tous les citoyens ont les mêmes droits devant la loi.

■ **Égalité politique** : quand les droits politiques sont les mêmes pour les hommes et les femmes.

■ **Électeurs** : ceux qui peuvent voter aux élections.

■ **Éligibilité** : possibilité donnée au citoyen de se présenter à une élection et d'être élu.

■ **Engagement** : capacité à devenir acteurs de ses choix et à les défendre au sein de la société, de son établissement ou de sa ville par des actions collectives.

■ **Esprit de défense** : État d'esprit qui met les citoyens en capacité d'agir face aux risques et aux menaces, afin de les réduire.

■ **Féminisme** : mouvement cherchant à défendre le droit et la cause des femmes dans la société.

■ **Fraternité** : principe républicain qui signifie que tous les citoyens doivent s'entraider comme s'ils étaient des frères.

■ **JDC** : Journée Défense et Citoyenneté, elle concerne tous les jeunes citoyens, filles et garçons, entre 16 et 18 ans.

■ **Laïcité** : principe de la République française qui instaure la neutralité de l'État en matière de religion de chaque citoyen. Ce principe est mis en place par la loi de 1905, dite « loi de séparation de l'Église et de l'État ».

■ **Liberté** : principe républicain qui signifie que tous les citoyens doivent disposer de droits qui leur permettent de faire leurs propres choix.

■ **Liberté de conscience** : droit de choisir et de pratiquer sa religion et droit de croire ou de ne pas croire.

■ **Liberté d'expression** : droit d'exprimer sa pensée, son opinion.

■ **Libertés et droits individuels** : droits qui appartiennent à chaque individu. Droits appelés aussi « droits de l'Homme ».

■ **Libertés publiques** : libertés données et garanties par l'État.

■ **Maire** : chef du conseil municipal qui dirige la commune.

■ **Nation** : communauté humaine qui partage une même culture et qui affirme sa volonté de vivre ensemble.

■ **Naturalisation** : fait d'accorder la nationalité à un étranger.

■ **Parcours de citoyenneté** : Parcours composé de quatre étapes : l'enseignement de défense en classes de 3$^e$ et de 1$^{re}$, le recensement à 16 ans (inscription sur les listes électorales en mairie), la journée Défense et Citoyenneté et enfin l'éventuel appel sous les drapeaux.

■ **Pluralisme** : principe démocratique selon lequel il existe plusieurs partis politiques.

■ **Recensement** : démarche administrative obligatoire à la mairie de son domicile qui concerne tous les nationaux français ayant atteint l'âge de 16 ans.

■ **République sociale** : République qui garantit des droits sociaux à ses citoyens, c'est-à-dire des droits dans les domaines de la santé, du travail ou encore de l'éducation.

## Lexique

- **Sécurité nationale** : Fait de mettre en place une stratégie de défense pour protéger son pays et ses intérêts contre les dangers qui les menacent.

- **Suffrage universel masculin** : droit de vote accordé seulement aux hommes.

- **Suffrage universel** : élection à laquelle tous les citoyens peuvent participer.

- **Suffragettes** : désigne les femmes qui luttent pour le suffrage universel féminin au XIX$^e$ siècle en Europe et aux États-Unis.

- **Valeur** : ce à quoi on accorde le plus d'importance.

- **Valeurs républicaines** : valeurs inscrites dans la constitution de la V$^e$ République qui servent de référence à toutes les lois et les règles votées par les institutions de cette république.

**Crédits photos :**
**p. 25** : *hg* : LEEMAGE-OPALE ; *hd* : BIS / Ph. Coll. Archives Larbor ; *mg* : BIS / Ph. E.C.P.A / Coll Archives Bordas ; *md* : BIS / Ph. Jean-Loup Charnet Archives Bordas ; *b* : BIS / Ph. Coll Archives Larbor – DR ; **p. 29** : DR ; **p. 49** : DR / Galeria Nazionale d'Arte Moderna, Rome ; **p. 66** : *hg* : GAMMA PHOTO / Keystone France ; *hd* : BIS / Ph. Jeanbor Archives Larbor – DR ; *bg* : DR / European Communities, 1992 / Source : EC – Audiovisual Service ; **p. 74** : ROGER-VIOLLET / Bilderwelt ; **p. 93** : KROLL SA ; **p. 103** : Photo12 / L'ILLUSTRATION ; **p. 151** : ECPAD-SIRPA Marine / France / Jacques T. / 2010 ; **p. 159** : DR / Ville de Besançon ; **p. 165** : DR / École BRASSART campus de Tours – Création : Léo DUPUY ; **p. 169** : *hg, bg, hm, bm* : gamma rapho. / Robert Deyrail ; *hd, bd* : shutterstock ; **p. 174** : AKG-Images / Erich Lessing, Otto Dix © Adagp, Paris 2016 ; **p. 177** : REUTERS (Thomson-Reuters) / Stéphane Mahé ; **p. 181** : NATURIMAGES / Alain Pellorce ; **p. 191** : *hd* : BIS / Ph. Coll. Archives Larbor ; *hg* : BIS / Ph. Nadar / Coll. Archives Larbor ; **p. 193** : *d* : AFP ; *hg* : BIS / Ph. J.L. Charmet © Archives Bordas ; *m* : BIS / Ph. Coll. Archives Larbor ; **p. 195** : *bd* : SHUTTERSTOCK / Frédéric Legrand – COMEO ; *bg* : SHUTTERSTOCK / 360 b ; *bm* : SHUTTERSTOCK / Fréderic Legrand-COMEO ; **p. 195** (ht d) : SIPA PRESS / Frilet ; *hg* : BIS / Ph. Coll. Archives Larbor ; *md* : Archivo L.A.R.A. / PLANETA ; *mg* : Coll. ARCHIVES NATHAN ; **p. 220** : SIPA PRESS / Alfred

Dépôt légal : août 2017 - N° de projet : 10232665
Imprimé en France par Maury-Imprimeur
45330 Malesherbes
N° d'imprimeur : 218448

# CARRÉS CLASSIQUES

## Des classiques toujours plus pédagogiques !

### Pour le collège

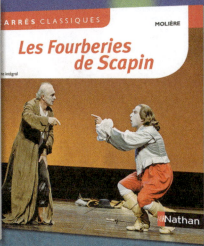

**Toutes les clés pour...**
- ... découvrir l'auteur et le contexte
- ... comprendre les enjeux du texte
- ... approfondir ses lectures grâce à des axes d'analyse

www.carresclassiques.com

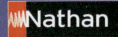

# mon BREVET facile

**Pour s'entraîner par étapes**

3ᵉ

## NOUVEAU

## 2 cahiers pour s'entraîner par étapes au nouveau Brevet !

Conçu par des enseignants de collège

1ʳᵉ épreuve

2ᵈᵉ épreuve

---

### Une collection unique sur le marché avec :

- Des sujets inédits et intégraux conformes au nouveau Brevet
- Un accompagnement "pas-à-pas" pour aider tous les élèves
- Des corrigés expliqués en détail et qui correspondent aux exigences des correcteurs

**Le + exclusif** Nos auteurs corrigent les sujets des élèves

*Deux cahiers consommables pour un accompagnement personnalisé jusqu'aux épreuves du Brevet*